Jahre, die uns geschenkt sind

Erni Kutter

Jahre, die uns geschenkt sind

Eine Spiritualität des Älterwerdens für Frauen

Patmos Verlag

VERLAGSGRUPPE PATMOS

PATMOS
ESCHBACH
GRÜNEWALD
THORBECKE
SCHWABEN

Die Verlagsgruppe
mit Sinn für das Leben

MIX
Papier aus verantwortungsvollen Quellen
FSC® C083411
FSC www.fsc.org

Für die Schwabenverlag AG ist Nachhaltigkeit ein wichtiger Maßstab ihres Handelns. Wir achten daher auf den Einsatz umweltschonender Ressourcen und Materialien.

www.patmos.de

Umschlaggestaltung: Finken & Bumiller, Stuttgart
Umschlagabbildung: © Masson/shutterstock.com
Gestaltung, Satz und Repro: Schwabenverlag AG, Ostfildern
Druck: CPI – Ebner & Spiegel, Ulm
Hergestellt in Deutschland
ISBN 978-3-8436-0717-9 (Print)
ISBN 978-3-8436-0718-6 (eBook)

Inhalt

Für meine Schwester

Einleitung

Die durchschnittliche Lebenserwartung der Menschen in den westlichen Industrieländern ist im Verlauf der letzten Jahrzehnte stark angestiegen und liegt für Frauen nach wie vor um einige Jahre höher als bei Männern. Die entscheidende Veränderung besteht meines Erachtens jedoch nicht darin, dass wir immer älter werden, sondern dass wir wesentlich später alt werden als unsere Großeltern und Urgroßeltern. Mit 60 oder 70 Jahren bezeichnet sich heute kaum jemand als alt. Die meisten Frauen und Männer sind in dieser Phase ihres Lebens noch relativ gesund und aktiv, sie erwarten noch einiges vom Leben und haben noch vieles vor. Und sie fühlen sich Umfragen zufolge um 10 bis 15 Jahre jünger, als ihr Geburtsdatum besagt.

Es sind geschenkte Jahre, zumindest im Vergleich mit der Lebenszeit und den Lebensverhältnissen früherer Generationen. Es sind Jahre voller Chancen und Herausforderungen, Gaben und Aufgaben. Sie stellen uns vor ganz neue Fragen und sie geben uns Raum, sie auf unterschiedlichste Weise zu erleben und zu gestalten.

Die Altersforschung bezeichnet die Zeit zwischen dem 60. und 75. Geburtstag als »Voralter« oder als »junges Alter«. Dementsprechend werden die Menschen dieses Alters heute »Best Ager«, »Silver Ager« oder »Silver Worker« genannt. Laut Statistik hat eine 65-jährige Frau heute noch durchschnittlich zwei Jahrzehnte Lebenszeit vor sich, ein Mann im selben Alter etwa drei bis vier Jahre weniger.

Das war noch vor 50, 60 Jahren ganz anders. Wenn ich Fotografien anschaue, die mich als Schulkind mit meinen beiden, Ende des 19. Jahrhunderts geborenen, Großmüttern zeigen, dann sehe ich zwei Bäuerinnen mit schwarzen Kopftüchern und langen dunklen Röcken, das Gesicht voller Falten, der Körper von schwerer Arbeit gezeichnet, der Rücken gebeugt. Sie kleideten sich bereits als 60-Jährige wie alte Frauen und fühlten sich wahrscheinlich auch so. Heute dagegen sehen manche Großmütter noch im Rentenalter aus wie ihre ältesten Töchter und kaum eine von ihnen würde sich als alt bezeichnen.

Als meine Großmütter starben, waren sie beide schon über achtzig und um viele Jahre älter als die meisten Menschen ihrer Elterngeneration, die in der zweiten Hälfte des 19. Jahrhunderts zur Welt kam. Um 1875, als meine Urgroßeltern jung waren, betrug die durchschnittliche Lebenserwartung im Deutschen Reich laut Angaben der Bundeszentrale für politische Bildung für Frauen 38, für Männer gut 35 Jahre, also weitaus weniger als die Hälfte der Zeit, die ein Menschenleben im 21. Jahrhundert im Durchschnitt dauert.

Die Gründe für diese rasante Entwicklung sind vielfältig. Eine entscheidende Verbesserung der hygienischen Verhältnisse und der medizinischen Versorgung gehören ebenso dazu wie die rückläufige Säuglings- und Kindersterblichkeit, die Abnahme tödlich verlaufender Infektionskrankheiten, gesündere Arbeitsbedingungen und ein höherer Lebensstandard zumindest für einen großen Teil der Bevölkerung. Allerdings schwankt die Lebenserwartung je nach regionalen Gegebenheiten, Bildungsstand und Einkommensverhältnissen bis heute erheblich und wird es trotz weiter steigender Tendenz auch in Zukunft tun. Die Unterschiede hinsichtlich der Lebenserwartung zwischen Frauen und Männern gleichen sich zwar allmählich an, dennoch werden sie nach Ansicht von Statistikern weiterhin bestehen, was unter anderem mit dem größeren Gesundheitsbewusstsein bzw. einem vernünftigeren Lebensstil von Frauen zu tun hat. Wie alt wir tatsächlich werden, wie wir unser Alter und auch das sogenannte Voralter erleben, ist also von vielen Faktoren abhängig, die wir zum Teil beeinflussen oder verändern können, manchmal jedoch einfach hinnehmen und akzeptieren müssen.

In Weltregionen, in denen der weibliche Alltag von Diskriminierung, Armut, harter körperlicher Arbeit, Entbehrung, Krankheiten oder Hunger geprägt ist, haben Frauen eine wesentlich kürzere Lebenszeit als in den hochindustrialisierten Ländern und wirken schon mit 40 oder 50 Jahren oftmals ausgezehrt und alt. Zwar steigen die Lebenserwartung und der Lebensstandard inzwischen in vielen sogenannten Entwicklungsländern; in den Armenhäusern der Welt, vor allem in manchen Gegenden Afrikas, werden viele Frauen jedoch auch heute nicht älter als 35 Jahre. Nicht zuletzt spielen Seuchen wie Aids oder Ebola dabei eine große Rolle. Auch in dieser Hinsicht können wir Frauen im Westen von geschenkten Jahren sprechen.

Für mich handelt es sich bei dieser gewonnenen Lebenszeit um besonders kostbare Jahre, denn noch nie in der Menschheitsgeschichte erlebten Frauen und Männer jenseits ihrer aktiven Erwachsenen-, Eltern- und Berufsphase eine so breite Spanne von Möglichkeiten zur Entfaltung ihrer geistigen und kreativen Potenziale, von körperlicher Mobilität und gesundheitlichem Wohlbefinden. Uns wurde nicht nur mehr Lebenszeit geschenkt, wir haben auch ein Mehr an Freiheit, an Spielräumen und Entscheidungsvarianten, als unsere VorfahrInnen sich je erträumen konnten.

Weil es uns jedoch weitgehend an Vorbildern und Modellen fürs Alter fehlt, wirft uns dieser Lebensabschnitt mit all seinen Chancen zugleich in einer Weise auf uns selbst zurück, wie es keine Generation vor uns kannte. Seminarteilnehmerinnen oder Freundinnen, die ich frage, welches Bild sie von sich selber als älter werdender Frau haben und wie sie sich ihr Alter vorstellen, müssen oft lange überlegen und geben sehr unterschiedliche Antworten. Die Vielfalt und Verschiedenheit weiblicher Lebensentwürfe und moderner Frauenbiografien spiegelt sich also auch im Blick auf das Voralter und das Alter. Man könnte einerseits den Eindruck gewinnen, alles sei heute möglich und machbar, selbst eine Schwangerschaft mit 65 Jahren. Während die Forschung eine ständige Verlängerung des Lebens, ja sogar das Erreichen der Unsterblichkeit anvisiert, erleben viele Menschen bereits das Voralter als eine mühselige und schwierige Lebensphase voller offener Fragen und diffuser Ängste, oft auch großer Orientierungs- und Hilflosigkeit.

Unter dem neudeutschen Stichwort »Aging well« geben Werbung, Filme, Ratgeberliteratur oder auch wissenschaftliche Publikationen zwar zahllose Empfehlungen und Rezepte, um gesundheitlichen Beschwerden beizukommen, schlaffe Brüste oder Falten zu beseitigen und dem Nachlassen der geistigen Kräfte bzw. dem Abbau des Körpers mit Pillen Einhalt zu gebieten. Dass trotz Fitnesstraining, regelmäßigen Vorsorgeuntersuchungen, gesunder Ernährung und vernünftiger Lebensführung niemand mit Sicherheit davon ausgehen kann, bis ins hohe Alter vor Demenz, Krebs, Depressionen oder anderen Krankheiten und Krisen verschont zu bleiben, wird in einer Zeit des Machbarkeitswahns oft ignoriert, verleugnet oder verschwiegen.

Eine große Frauenzeitschrift fragte vor Kurzem gar: Wie werden wir richtig älter?

Aber gibt es ein richtiges Altern? Was bedeutet das und wer definiert, was richtig und was falsch ist? Sollen Frauen, die jahrzehntelang um die eigene Emanzipation und um Selbstbestimmung gekämpft haben, nun – freiwillig – neue Normen für ihr Alter entwickeln oder akzeptieren? Erschöpfen sich ihre Ziele darin, einen 40 Jahre jüngeren Liebhaber zu haben oder mit der Bikinifigur einer 30-Jährigen am Strand zu posieren? Oder geben sie auch jenen Werten und Wünschen Raum, die den Bildern und Geschichten vieler Hochglanzmagazine widersprechen? Wagen wir es, unsere eigenen Bilder zu entwerfen und von einer anderen Altersrealität und Alterskultur zu träumen, als Werbung und Gesundheitsindustrie uns diktieren wollen?

Der Alltag zeigt, dass Älterwerden nicht nur ein Geschenk ist, sondern zugleich eine hohe Kunst, eine Aufgabe und eine ganz besondere Herausforderung, die uns einiges abverlangt. Dass es nur wenige Vorbilder gibt, an denen wir uns abschauen können, wie ein gelingendes Alter aussehen könnte, macht die Sache nicht einfacher. Dabei warten die vielen alten Frauen und Göttinnen unserer Sagen, Märchen und Mythen schon lange darauf, für unsere Zeit neu entdeckt zu werden und uns zu erzählen, wie sie das Älterwerden und auch seine Beschwerden erlebten und meisterten. Dasselbe gilt für eine Hildegard von Bingen, Teresa von Avila und manch andere historische Frauengestalt, die es verdient hat, über ihre Erfahrungen befragt zu werden und die uns staunen lässt, wenn wir merken, wie aktuell diese auch heute noch sind. Dieses Buch will diese beiden und andere Lehrmeisterinnen im Umgang mit dem Älterwerden, mit Krankheit und Schwäche in Erinnerung bringen. Wichtige Impulse bekommen wir zudem von den Frauen indigener Völker und deutschsprachiger Länder, die sich heute zusammenschließen und als »Älteste« und Großmütter das Ziel haben, das herkömmliche Bild vom weiblichen Altern zu verändern und ihren Beitrag für eine lebenswerte Zukunft kommender Generationen zu leisten.

Von den Frauen traditioneller Kulturen können wir lernen, dass das Älterwerden eine Zeit ist, in der wir aufgefordert sind, über den eigenen Tellerrand, die eigene Person und Familie hinauszuschauen, unseren Horizont zu erweitern und das »große Ganze« in den Blick zu nehmen. Spätestens jetzt bekommen spirituelle Fragen und Bedürfnisse Raum, manchmal sogar Priorität im Leben vieler Frauen.

Auch hierzulande belegen Studien, dass die Bedeutung von Religion und Spiritualität zunimmt, je älter ein Mensch wird. Spiritualität gibt dem Eingebundensein in ein weitmaschiges Netz menschlicher Beziehungen eine zusätzliche Dimension und Tiefe. Sie macht einen wesentlichen Teil unserer seelischen Widerstandskraft (Resilienz) aus und wirkt sich positiv auf Wohlbefinden und Gesundheit aus, besonders in Krisen, bei schwerer Krankheit, im Alter und im Sterben. Sie spielt deshalb in der Hospiz- und Palliativversorgung und im therapeutischen Bereich eine immer größere Rolle. Spiritualität erfährt als »Gero-Transzendenz« auch in der Altersforschung verstärkte Aufmerksamkeit, insbesondere im Sinne einer »protektiven Ressource«, die in der dritten und vierten Lebensphase von unschätzbarem Wert sein kann.

Mit dem Älterwerden wächst jedoch nicht nur das Interesse an Spiritualität, auch das Spektrum dessen, was Menschen bei ihrer spirituellen Suche entdecken, verändert sich, es wird größer, weiter und unterschiedlicher. Wie Untersuchungen zeigen, gilt dies besonders für Frauen und Männer, die in ihrem Leben mit vielen Problemen, Brüchen, Krisen und Konflikten konfrontiert wurden und diese bewältigt haben. Sie sind im Blick auf ihr Glaubensverständnis, ihre Gottesvorstellungen und ihre Frömmigkeitspraxis meist offener, flexibler und in gewisser Weise anspruchsvoller als andere Menschen, deren Biografie weniger Bewegung und Herausforderung aufwies.

Trotz solcher Beobachtungen und Erkenntnisse ist eine Spiritualität des Älterwerdens noch wenig entwickelt. Es sind bisher eher die Frauen, die den Mut haben, alte eingefahrene Traditionen hinter sich zu lassen und neue Wege zu wagen, die ihren Erfahrungen und Bedürfnissen entsprechen. Sie wollen nicht eine für alle gültige und lebbare Spiritualität des Älterwerdens erfinden, sondern die Fülle und Vielfalt dessen zulassen, die sich ihnen eröffnet, wenn sie fragen, was ihrem Dasein Bedeutung und Sinn gibt, wo ihre Kraftquellen zu finden sind, was sie trägt und hält.

Sie haben – inspiriert von der kirchlichen Frauenbewegung, von ökologischen und ganzheitlichen Denkweisen, von feministischer Theologie, Matriarchatsforschung und Göttinnenreligionen – eine spirituelle Praxis entwickelt, deren Merkmale Bezogensein und Beziehungen sind. Verbundensein mit sich selbst, mit anderen Menschen, mit Natur und Kosmos, mit dem Göttlichen – das ist auch für mich die Grundlage und die Vision einer Spiritualität des Älterwerdens, die wie ein roter Faden alle Kapitel dieses Buches durchzieht.

Weil viele Frauen danach fragten, habe ich in den letzten zwei Jahren mehrmals Seminare zur Spiritualität des Älterwerdens angeboten. Die Resonanz darauf war so groß, dass ich das Spektrum der Themen von Mal zu Mal vertiefte und erweiterte. Schließlich hat Claudia Lueg vom Patmos Verlag mich davon überzeugt, dieses Buch zu schreiben und etwas von dem weiterzugeben, was ich selbst erfahren habe und was mir selbst wichtig geworden ist. Dafür bin ich ihr sehr dankbar, denn durch den Prozess des Schreibens ist im Blick auf mein eigenes Altern eine große Zuversicht und Gelassenheit in mir gewachsen. Dieses Geschenk teile ich nun gerne mit anderen Frauen, die wie ich seit Langem eine Spiritualität des Verbundenseins praktizieren oder danach suchen.

Ich wünsche allen Leserinnen, ihr Älterwerden als geschenkte Zeit zu verstehen, die reichen Gaben dieser Lebenszeit mit offenen Augen und Herzen anzunehmen und sich voller Mut und Kraft ihren Aufgaben und Herausforderungen zu stellen.

Freising, im September 2015
Erni Kutter

»Doing Aging« – Die Macht der Bilder und Gedanken

Einmal in jeder Legislaturperiode gibt die deutsche Bundesregierung einen Bericht zur Lage der älteren Generation heraus. Im 6. Bericht aus dem Jahr 2010, dessen Thema die Altersbilder in der Gesellschaft waren, heißt es: »Wir müssen feststellen, dass in der Wahrnehmung des Alters weiterhin vor allem traditionelle und eher negative Vorstellungen dominieren (...). Altersbilder sind nicht lediglich unbedeutende Begleiterscheinungen eines gesellschaftlichen Umgangs mit Alter, sie schaffen vielmehr eine Realität. Die Spielräume, die wir zum Erleben und Verhalten haben, sind von ihnen bestimmt.«[1]

Dieses Erschaffen einer Realität – in unserem Fall einer Altersrealität – wird in der Soziologie mit dem englischen Ausdruck »Doing Aging« benannt. Analog zu der Bezeichnung »Doing Gender« bedeutet dies, dass das Alter und was wir darunter verstehen, zu einem Großteil genauso konstruiert, also »gemacht« ist wie das soziale Geschlecht. Wie wir längst wissen, wird das, was wir unter männlich und weiblich verstehen, nicht ausschließlich biologisch vorgegeben, sondern kulturell hergestellt. Auch das, was eine Gesellschaft mit dem Alter bzw. dem Altsein verbindet, unterliegt in hohem Maß kulturellen Bedingungen und Prägungen. Dies gilt insbesondere für den sozialen Stellenwert und das Ansehen, das alte Menschen haben. Älter zu werden ist also nicht einfach ein Akt der Natur bzw. der Biologie. Was Älterwerden heißt und wie Menschen es erleben, hängt in hohem Maß von den Bedingungen, den Wertmaßstäben und Einstellungen ab, die in einer Gesellschaft bzw. in einem bestimmten Umfeld und Zeitraum gelten.

Der unterschiedliche Blick auf Frauen und Männer

In ihrem Buch »Mutprobe, Frauen und das höllische Spiel mit dem Älterwerden« beschreibt die Journalistin Bascha Mika eindrucksvoll, dass das »Doing Aging« Frauen in einem viel höheren Maß trifft als Männer. Hier nur ein Beispiel. Hartmut Mehdorn wurde vor einigen Jahren noch mit über 70 Jahren zum Chef der Berliner Flughafengesellschaft berufen. Im Vergleich zu anderen Männern in Spitzenpositionen von Wirtschaft, Politik oder Sport galt er damals noch als relativ jung; sein Alter wurde in den Medien nirgends zum Thema gemacht. Als die grüne Politikerin Renate Künast sich jedoch mit 57 Jahren als Spitzenkandidatin für die Bundestagswahl 2013 bewarb, lästerten Journalisten, sie sei doch wohl nicht mehr so ganz frisch.

Wie unterschiedlich das Altern von Frauen und Männern in den westlichen Kulturen bewertet wird, hat die amerikanische Schriftstellerin Susan Sontag schon in den 1970er-Jahren ausführlich beschrieben und »The Double Standard of Aging« genannt. Damit ist gemeint, dass die Fähigkeiten und Chancen von Männern im höheren und hohen Alter häufig höher eingeschätzt und bewertet werden als die gleichaltriger Frauen. Dass dieser doppelte Maßstab und die damit verbundene Doppelmoral noch lange nicht überwunden sind, zeigte sich vor Kurzem in einer Fernsehsendung anlässlich des 60. Geburtstags der Fernsehmoderatorin Petra Gerster. Nachdem sie erzählt hatte, wie viel Freude sie an ihrer Arbeit und verschiedenen Projekten habe, fragte man sie, wie lange sie denn noch weitermachen wolle. Dies zu entscheiden stehe erst an, wenn sie ihr erstes Enkelkind bekomme, so ihre Antwort. Ich bin sicher, keinem Mann in einer vergleichbaren Position und mit ähnlicher Kompetenz wäre an seinem 60. Geburtstag eine solche Frage gestellt worden, vielmehr hätte man ihn vermutlich über seine Zukunftspläne befragt und auch die hätten wahrscheinlich anders ausgesehen als die von Petra Gerster. Die Moderatorin dagegen musste sich noch mehr bieten lassen. Ein Mann, der deutlich älter wirkte als sie, sagte – als er bei einem Straßeninterview befragt wurde – lachend ins Mikrofon: »Die ist sehr appetitlich, die kann man immer noch sehen.«

Diese sexistische Äußerung zeigt die Doppelmoral, nach der Frauen und Männer noch immer viel zu oft beurteilt, ja geradezu »taxiert« werden. Auch manche Redensarten halten an dieser Sichtweise fest, zum Beispiel die sprichwörtliche Behauptung, dass Männer im Alter reifen, Frauen dagegen verblühen. Falten eines Mannes gelten demzufolge als Zeichen von Integrität, Lebenserfahrung und Reife. Sie machen ihn zu einer interessanten Erscheinung. Falten einer Frau werden dagegen eher mit Verfall, Verlust und dem Schwinden sexueller Attraktivität verbunden. Wie die immer häufiger in den Medien und insbesondere der Werbung auftauchenden Fotos älterer und alter Frauen zeigen, deutet sich hier zwar ein Wandel an. Allerdings werden gleichzeitig neue Standards gesetzt, denn meist sind es jugendlich und gesund aussehende Frauen ohne Falten, die zudem demonstrieren, wie aktiv, fit und leistungsstark sie trotz ihres fortgeschrittenen Alters noch immer sind. Es entsteht der Eindruck, dass Frauen ihre Alterserscheinungen weiterhin verleugnen oder wegretuschieren und sich jünger, faltenfrei und schlank machen (lassen) müssen, um gesehen und beachtet zu werden.

Wie der Titel von Bascha Mikas Buch zeigt, ist es für viele Frauen tatsächlich eine Mutprobe, zu ihrem Alter zu stehen und aus dem System der Doppelmoral sowie der damit verbundenen Abwertung des weiblichen Alters auszusteigen. Wer dies wagt, muss sich zunächst frei machen von überkommenen Vorstellungen und Bildern von sich selbst als älter werdender oder alter Frau. Mika nennt die Bilder und Mechanismen, die Frauen im Blick auf das Alter auch in sich selbst tragen, ein Kopfkino. Und sie empfiehlt, sich immer wieder zu fragen: Welcher Film läuft in meinem eigenen Kopf beim Thema Alter ab? Welche Bilder und Vor-Bilder erscheinen auf meiner Leinwand, wenn es ums Älterwerden geht?[2]

Frauen stehen heute also nicht nur vor der Herausforderung, gesellschaftliche Zuschreibungen und Vorstellungen von Weiblichkeit und Alter zurückzuweisen und zu korrigieren, sie haben zudem die Aufgabe, ganz neue Bilder von sich selbst als alt werdende Frauen zu entwerfen. Dazu gehört es, Einstellungen, Interpretationen und Denkgewohnheiten, die den weiblichen Körper und Geist betreffen, zu hinterfragen und abzulegen. Manches von dem, was wir über das Alter denken, stammt aus einer Zeit, in der viele Menschen bereits in einem Alter starben, in dem wir Heutigen noch 20, 30 geschenkte Lebensjahre vor uns haben.

Weil sowohl die persönlichen wie auch die gesellschaftlichen Bedingungen und die Art und Weise, wie wir alt werden, ganz andere sind als noch vor 50 oder mehr Jahren, weil vieles, was noch für unsere Eltern und Großeltern bedeutsam war, nicht mehr von Belang ist, fehlt es uns häufig an Vorbildern, die uns beim Altwerden helfen könnten. Wie wir noch sehen werden, gab es jedoch auch in der Vergangenheit und gibt es bis heute weibliche Lebensmodelle und Lehrmeisterinnen, bei denen wir Anregungen für das Älterwerden im 21. Jahrhundert bekommen.

Frauen als Protagonistinnen einer neuen Alterskultur

Anders als manche AutorInnen, die sich mit der zunehmenden Überalterung unserer Gesellschaft beschäftigen und zahlreiche negative Begleiterscheinungen der dritten bzw. vierten Lebensphase beklagen, richtet die Politologin und Journalistin Antje Schrupp in ihrem Buch »Methusalems Mütter« unseren weiblichen Blick auf die Chancen und die Vorteile, die ältere Frauen gegenüber Männern haben. So weist sie darauf hin, dass Männer sich im Renten- bzw. Pensionsalter oft völlig neu orientieren müssen, weil ihr Leben wie schon das ihrer Väter und Großväter in erster Linie an Erwerbstätigkeit, Laufbahn und Leistung ausgerichtet war. Frauen hingegen konnten sich noch nie darauf verlassen, beruflich ihr Leben lang die Karriereleiter kontinuierlich nach oben zu klettern. Viele unterbrachen ihre Erwerbsarbeit, wenn Kinder kamen, oder sie suchten sich eine Teilzeitbeschäftigung. Zudem ist der Prestigeverlust, den Frauen beim Eintritt ins Rentenalter verkraften müssen, bei den meisten selbst heute noch gering.

Im Blick auf eine Zukunft, in der wir alle länger berufstätig sein werden, Arbeitsbedingungen und -zeiten sich immer stärker ändern, ständige Fort- und Weiterbildung notwendig ist und Rentenbezüge knapper ausfallen, sind es eher die Männer, die lernen müssen, flexibel auf bisher ungekannte Herausforderungen zu reagieren. Die Biografien sehr vieler Frauen dagegen werden allen Veränderungen zum Trotz vermutlich auch in Zukunft Brüche und eine andere Prioritätensetzung aufweisen. Frauen haben – so Antje Schrupp – immer schon Familien- und Fürsorgearbeit (Care) miteinander vereinbaren wollen oder müssen und tun es bis heute. Sie sind ehrenamtlich tätig und kümmern sich, kaum dass ihre Kinder das Haus verlassen haben, trotz eigener Berufstätigkeit um ihre alten Eltern oder Schwiegereltern. In den zahlreichen HelferInnenkreisen und Initiativen, die Flüchtlingen und AsylbewerberInnen zur Seite stehen, engagieren sich überwiegend Frauen. Weil ihre Altersbezüge schon bisher und wohl auch in Zukunft häufig nicht zur Existenzsicherung reichen und im Durchschnitt weit unter denen der Männer liegen, sehen sich viele Frauen gezwungen, im Rentenalter noch Geld dazuzuverdienen oder nach einem langen arbeitsreichen Leben staatliche Unterstützung zu beantragen. Nicht zufällig ist lange schon von einer Feminisierung des Alters die Rede, denn in ihrer Mehrheit sind alte Menschen weiblich. Das wird allen Prognosen nach so bleiben, denn die durchschnittliche Lebenserwartung von Frauen wächst auch in den nächsten Jahrzehnten weiter.

Auch das schon vor vielen Jahren in die Schlagzeilen gekommene Stichwort »Die Armut ist weiblich« behält nach Aussagen der Wohlfahrtsverbände und anderer Sozialorganisationen gerade im Alter eine skandalöse Aktualität. Dennoch ist es unzutreffend und zu einseitig, wenn alte Frauen in erster Linie als schwache Opfer gesehen und beschrieben werden. Vielmehr sind sie – so Antje Schrupp – »Protagonistinnen der Veränderung« und können sich meist besser als Männer auf die Entwicklungen einstellen, die unserer Gesellschaft bevorstehen oder die bereits im Gange sind.[3] Es sind mehrheitlich Frauen, die sich lange vor den Männern in Gesprächsgruppen, Initiativen und Seminaren auf ihr Alter einstellen und mit viel Fantasie und Kreativität neue Lebens-, Wohn- und Arbeitsformen für den Herbst ihres Lebens entwickeln und umsetzen. Trotz dieser positiven Entwicklungen werden die statistische Zunahme alter Menschen und der damit verbundene demografische Wandel samt seinen Folgen in der Öffentlichkeit und den Medien vorwiegend negativ bewertet und unter Stichworten wie Überalterung, Alterslast, ergrauende Gesellschaft, Pflegenotstand, Demenz und neuerdings auch Sterbehilfe diskutiert. Dasselbe gilt nach wie vor im Blick auf die Vorstellungen und Bilder, die wir uns vom Alter und von alten Menschen machen.

Die verändernde Kraft innerer Bilder und Vorstellungen

Luise Reddemann, Psychoanalytikerin und ehemals Leitende Ärztin der Klinik für psychotherapeutische und psychosomatische Medizin in Bielefeld, beschäftigt sich seit Langem mit der Macht innerer Bilder. In ihrem Buch »Der Weg entsteht unter deinen Füßen« zeigt sie anschaulich, wie stark die Kraft der Imagination nicht nur in Übergangs- und Krisenzeiten des Lebens, sondern auch im Blick auf das Altwerden wirksam werden kann. Sie berichtet davon, dass Menschen, die sich längere Zeit auf eine defizitorientierte Weise mit dem Alter beschäftigen, anschließend langsamer, gebeugter und schleppender gehen als vorher. Nur dadurch, dass wir uns gedanklich in eher negativer Weise mit dem Altsein beschäftigen, kann also herauskommen, dass unser Körper die entsprechenden Bilder und Vorstellungen umsetzt. In diesem Sinn ist das Alter auch deswegen beschwerlich, weil wir trotz gegenteiliger Beobachtungen immer noch der Meinung sind, es könne eigentlich gar nicht anders sein als beschwerlich und mühsam.

Luise Reddemann belegt diese Beobachtungen nicht nur anhand verschiedener Studien, sondern auch am eigenen Beispiel: »Als ich etwa 45 Jahre alt war, las ich, dass unsere Einbildungskraft dazu führe, dass wir ein Bild vom Alter als einer Zeit hätten, in der wir krank und schwach seien. Diese Zeilen fallen mir heute – mit über 70 Jahren – immer häufiger ein. Damals fand ich sie nicht so wichtig, jetzt sehe ich in ihnen eine große Chance. Die Wissenschaft – auch die Gehirnforschung – bestätigt, dass wir uns lebenslang verändern und Neues lernen können. Und sie bestätigt, dass unsere inneren Bilder, unsere Vorstellungen und unsere Einstellungen etwas bewirken können.«[4]

Ein positives Bild, das ich von mir und der Welt um mich herum habe, lässt Vertrauen entstehen und wachsen – in mich selber und in andere – und stärkt so auch die Zuversicht, mit den eigenen Alterserscheinungen gut umgehen zu können. Skeptisch werde ich allerdings, wenn amerikanische Untersuchungen mir suggerieren wollen, dass ein positives Selbstbild die Lebenserwartung um etwa sieben Jahre steigern und das Risiko verringern würde, im Alter gebrechlich zu werden. Für mich klingt das allzu sehr nach der inzwischen auch in Deutschland weit verbreiteten Ideologie der Selbstoptimierung, die so tut, als würden Optimismus und positives Denken genügen, um Erfolg in der Liebe oder im Beruf zu haben, reich zu werden und bis ins hohe Alter gesund und fit zu bleiben. Die amerikanische Publizistin Barbara Ehrenreich hat in ihrem Buch »Smile or die« nicht nur die verdummende Wirkung dieses Denkens beschrieben, sondern auch aufgezeigt, welche verheerenden Konsequenzen es in den USA insbesondere für krebskranke Frauen hatte.[5] Sicher stimmt es, dass Menschen, die Freude am Leben haben und eher das Gute als das Schlechte im Leben sehen, über Einstellungen verfügen, die ihnen helfen, im Alter und in schwierigen Zeiten an der Hoffnung festzuhalten, Selbstheilungskräfte zu aktivieren und auf eigene Ressourcen zurückzugreifen. Wer daraus jedoch Sicherheitsgarantien ableitet oder glaubt, mit solchen Erfolgsrezepten vor allem Übel verschont zu bleiben, übersieht, dass Menschen trotz einer positiven Lebenseinstellung arbeitslos, krank oder gebrechlich werden, an einer unheilbaren Krankheit leiden, eine Trennung oder Scheidung erleben, infolge eines schweren Unfalls sterben oder behindert sein können. Abgesehen davon bürdet diese Art von Denken in unverantwortlicher und zynischer Weise Menschen die Schuld an ihrem eigenen Unglück, ihrer Erfolglosigkeit, Armut oder Krankheit auf und erweist sich damit keineswegs als positiv und lebensförderlich, sondern eher als menschenverachtend.

Der amerikanische Psychologe James Hillman beschreitet einen ganz anderen Weg, um mit den gefürchteten Symptomen der späteren Jahre umzugehen. Seiner Auffassung und Erfahrung nach ändern diese Unannehmlichkeiten und Beschwerden ihre Bedeutung grundlegend, wenn wir ihren Sinn herausfinden und verstehen lernen. Er schreibt: »Ja, Alter ist beschwerlich, vor allem wenn es belastet wird mit der Vorstellung, es sei beschwerlich. Solange wir jedes Zittern, jeden kleinen Leberflecken und jeden vergessenen Namen lediglich als Zeichen des Verfalls betrachten, belasten wir das Alter mit unserem Denken, ebenso wie unser Denken durch das Alter belastet wird. Allein darin, dass wir jedes Mal, wenn wir unser Gesicht im Spiegel sehen, unsere negative Diagnose des Geschehens wiederholen, zeigt sich, wie mächtig die Idee ist, vor deren Karren wir unsere späten Lebensjahre spannen.«[6]

James Hillman war beim Erscheinen seines Buches über den Sinn eines langen Lebens 80 Jahre alt. Er ist überzeugt, dass die scheinbaren Gebrechen der späten Lebensphase primär dazu da sind, die bislang unbearbeiteten Persönlichkeitsanteile aus der Versenkung zu holen, damit der eigentliche Charakter einer Person sich immer mehr herausschält und wir werden können, was wir sind. Dazu gehört für ihn nicht nur die quälende nächtliche Schlaflosigkeit, die dem Aufarbeiten der Schatten und der Konfrontation mit unseren inneren »Dämonen« dienen kann. Auch das fast zwanghafte und wiederholte Erzählen einstiger Erlebnisse, das manche alte Menschen auszeichnet, oder das Phänomen der auftretenden Lücken im Kurzzeitgedächtnis haben seiner Auffassung nach einen tiefen Sinn.

Hillman sieht in den biologischen Veränderungen, den Gewohnheiten und Beschwerden des Alters nicht so sehr einen Hinweis auf die Nähe des Todes, wie viele es tun, sondern eine Initiation in eine neue Lebensphase und eine andere Seinsweise. Auf diesem Weg sind ihm mythische Gestalten wichtige Begleiter und Führer. So der ägyptische Gott Ptah, der die Welt durch die Vorstellungskraft seines Herzens schuf und die Menschen anregt, ihre Imaginationsfähigkeit und Herzensenergie zu nutzen, um ebenfalls immer wieder Neues zur Welt zu bringen.

Auch in einem Mythos der nordamerikanischen Hopi-IndianerInnen steht die Imagination am Anfang der Schöpfung. Dort wird erzählt, dass die Göttinnen des Ostens und des Westens einst das Meer auf der Brücke des Regenbogens überquerten. Als sie sich in der Mitte begegneten und ihre Köpfe zusammensteckten, bewirkten sie durch ihre Konzentration, dass sich mitten im Ozean trockenes Land zeigte. Erst auf dieser Basis schufen sie dann alle Lebewesen, auch die Menschen. Als ich mich an diese schöne Geschichte erinnerte, stellte sich vor meinem inneren Auge sofort das Bild von Frauen ein, die ihre Köpfe zusammenstecken, ihre Herzen sprechen lassen und auf diese Weise etwas Neues »ausbrüten« und in die Welt bringen. Warum nicht auch grundlegende neue Vorstellungen über ihr Leben im Alter?

Ein Text aus dem jüdischen Talmud bringt ähnliche Weisheiten zum Ausdruck, wie die Mythen der Völker sie erzählen und James Hillman sie in seinem Buch formuliert. Dort heißt es:

Achte auf deine Gedanken, denn sie werden zu deinen Wünschen.
Achte auf deine Wünsche, denn sie werden zu deinen Worten.
Achte auf deine Worte, denn sie werden zu deinen Werken.
Achte auf deine Werke, denn sie werden zu deinem Schicksal.[8]

Von der Freiheit der »geschenkten Jahre«

Trotz negativer Berichterstattung, vager Ängste und erster altersbedingter Einschränkungen oder Beschwerden empfinden viele Menschen die Jahre jenseits der Renten- und Pensionsgrenze heute als gewonnene Zeit und sprechen von ungeahnten Chancen und Freiheiten. Dieses neue Lebensgefühl kann im Reiz des Unbekannten liegen, dem man sich hingibt, ohne zu wissen, wohin es führt. Es kann darin bestehen, endlich die rigiden Beschränkungen der eigenen Kindheit und Jugend hinter sich zu lassen. Die neue Freiheit kann einen Abschluss markieren gegenüber der engen Verantwortung für Job und Familie und ein Sprungbrett sein für ein ganz anderes, viel weiteres Engagement. Sie kann darin bestehen, sich endlich nicht mehr um Unwesentliches kümmern zu müssen.

Diese Beschreibung stammt von Margarete Mitscherlich, der großen alten Dame der deutschen Psychoanalyse und Psychotherapie, die 2012 mit 95 Jahren starb. Noch im hohen Alter veröffentlichte sie ihre Gedanken zur Furchtlosigkeit und zum Starrsinn des Alters und zur

Frage, ob es eine »Radikalität des Alters«[9] gibt. Sie zeichnete sich ihr Leben lang durch einen lebendigen Geist und eine kritische Haltung auch ihrer eigenen Disziplin gegenüber aus und scheute sich nicht, unbequeme und radikale Positionen zu beziehen. In einer Rundfunksendung sagte sie über die Freiheit des weiblichen Alters: »Es ist einem nicht so furchtbar wichtig, ob man Menschen gefällt, ob man anerkannt ist, ob man Zuspruch bekommt (...). Ich brauch doch nicht von jedem Menschen geliebt werden – da war ich früher viel abhängiger. Oder man wird auch unabhängig davon, eine Frau zu sein, deren Weiblichkeit geschätzt wird, eine attraktive Frau zu sein. Das ist man nicht mehr und das ist einem ziemlich wurscht. Viele Dinge, die einem früher sehr wichtig waren, die werden unwichtig. Man erkennt auch, was wirklich wichtig ist im Leben. Man erkennt das stärker, genauer. Illusionen benötigt man irgendwie doch sehr viel weniger. Das Denken wird eindeutiger und vorurteilsfreier. In jedem Fall will ich lieber provozieren – zum Nachdenken anregen, was heute sinnvoll und was unsinnig ist – als eine weise Alte werden.«[10]

Bei Margarete Mitscherlich können wir uns durchaus abschauen, wie Altwerden gehen und wie die Freiheit der gewonnenen Jahre aussehen kann. Und glücklicherweise gibt es mittlerweile immer mehr ältere und alte Frauen, die uns zeigen, wie weibliche Freiheit im Alter gelebt wird. Sie finden sich, wenn wir uns aufmerksam und neugierig umschauen, nicht nur unter Schriftstellerinnen, Schauspielerinnen oder anderen Berühmtheiten, sondern direkt in der eigenen Familie oder Nachbarschaft.

Was aber ist mit denen, die nicht bis ins hohe Alter tätig sein können, deren Gesundheit und Lebenssituation zu wünschen übrig lassen? Wie geht es jener Mehrheit der Frauen, die mit einer niedrigen Rente zurechtkommen müssen, von Altersarmut betroffen, krank oder einsam sind und keine Möglichkeit einer sinnvollen Betätigung für sich sehen? Gilt die neue Freiheit des Alters auch für sie? Sind die gewonnenen Jahre ein Luxusgut für Frauen in Wohlstandregionen? Die letzte Frage wurde im Katalog der Ausstellung »Gewonnene Jahre. Neues ZeitAlter für Frauen?« gestellt, die das Frauenmuseum in Fürth vor einiger Zeit gezeigt hat und die in Zukunft auch in anderen Museen zu sehen sein wird.[11]

Sie bezieht sich auf die Alltagsrealität von Frauen in den weniger entwickelten Ländern der Welt, muss meines Erachtens jedoch auch hierzulande zum Thema werden, denn neben einem existenzsichernden Einkommen fehlt es hierzulande ebenfalls viel zu oft an erschwinglichen Kultur-, Bildungs- und Freizeitmöglichkeiten für ältere Frauen.

Die Großmutter von Bert Brecht, der er 1939 in seiner berühmten Erzählung »Die unwürdige Greisin« ein Denkmal gesetzt hat, gibt uns ein Beispiel, wie weibliche Freiheit unabhängig von äußeren Lebensbedingungen, finanziellen Möglichkeiten und Herkunft manchmal erst im Alter gelebt werden kann. Diese Frau hatte ihr Leben lang alle weiblichen Rollenvorgaben und Konventionen ihrer Zeit perfekt erfüllt. Im Alter und nach dem Tod ihres Mannes jedoch weigerte sie sich, den Erwartungen einer ihrer Söhne zu entsprechen und sich weiterhin für Familie und Enkel aufzuopfern. Stattdessen gab sie sich die Erlaubnis, das zu tun, wonach ihr der Sinn stand, und die Frau zu sein, die niemand vorher in ihr gesehen und vermutet hatte. Der Sohn und der Zeitgeist empfanden es als skandalös, dass sie Kinos und Gasthöfe besuchte, ihr Leben genoss und Freundschaften pflegte, die ihrem Stand nicht angemessen waren. Sie allerdings scherte sich einen Dreck darum und nahm in Kauf, dass sie für ihre erst im Alter gewonnene innere Unabhängigkeit einen hohen Preis zahlte.[12]

Diesen Preis zu zahlen, das wird uns auch heute nicht erspart. Dennoch sind die Spielräume und das Spektrum an denkbaren und lebbaren Möglichkeiten heute um ein Vielfaches gewachsen, auch für Frauen. Und wenn es stimmt, dass das Glück des Lebens von der Beschaffenheit unserer Gedanken abhängt – wie Gisela zur Strassen sagt –, warum sollten wir dann nicht jede Gelegenheit ergreifen, uns mit der Kraft unserer Gedanken, unserer Fantasie und Imaginationsfähigkeit eine Alterswirklichkeit zu erschaffen, die unseren Vorstellungen und Wünschen entspricht. Und all jenen, die noch nicht aufgehört haben, sogar an ein Altersparadies zu glauben, sei das folgende

Gedicht ans Herz gelegt, das ich vor Kurzem in einem Blog von Luisa Francia gefunden habe:

Trivia

Das paradies ist kein ort, es ist ein geisteszustand
Das paradies zu finden erfordert fantasie
nicht reiselust
die fähigkeit
das kostbare im alltäglichen zu entdecken
die göttin trivia im trivialen aufzuspüren[13]

Abhängigkeit und Bezogenheit als Grundbedingungen des Menschseins

Eine der wichtigsten »Denkschulen«, die ich in den letzten Jahrzehnten kennen- und schätzen gelernt habe, ist die Philosophie der Geschlechterdifferenz. In den Achtzigerjahren des 20. Jahrhunderts in Italien entwickelt, wurde sie in Deutschland vor allem unter der Bezeichnung »Affidamento« bekannt, was so viel meint wie: sich anvertrauen. Frauen des Mailänder Frauenbuchladens und feministische Philosophinnen der Gruppe Diotima an der Universität Verona, später dann auch deutsche Frauen, setzten sich intensiv mit der Frage auseinander, wie weibliche Freiheit entsteht und wie Frauen die Welt in ihrem Sinn verändern und gestalten können. Ausgehend von ihren eigenen Erfahrungen und Beobachtungen kamen sie zu der Überzeugung, dass durch ein aufmerksames, differenziertes Wahrnehmen der Wirklichkeit und durch Benennen dessen, was ist, also durch Worte und durch Sprache, Veränderung geschehen kann.

Anders als deutschen Frauen ging es den italienischen Denkerinnen nicht in erster Linie um eine formal-rechtliche Gleichstellung von Frauen und Männern. Vielmehr richtete sich ihre Aufmerksamkeit auf die Beziehungen von Frauen zu Frauen und auf deren Bedeutung im Sinn einer neuen politischen Praxis, die weit über den privaten Bereich hinausreicht. Dieser Denkansatz – auch Differenzfeminismus genannt – geht von der Tatsache aus, dass Frauen sehr verschieden sind und unterschiedliche Bedürfnisse, Interessen und Handlungsweisen haben. »Die« Frau oder »das« Weibliche an sich existiert nicht. Anders als in vielen frauenbewegten Gruppen und Projekten der Achtzigerjahre wurde diese Verschiedenheit positiv bewertet und als große Chance verstanden. Die Anerkennung und der Umgang mit asymmetrischen, also ungleichen Beziehungen zwischen Frauen galt und gilt hier als produktiver Impuls, ja sogar als Voraussetzung, damit weibliche Freiheit entsteht und weibliche Potenziale sich entfalten und wirksam werden können.[14]

Eine zentrale Aussage der italienischen Philosophinnen ist, dass das Patriarchat zu Ende geht, samt der symbolischen Unordnung, die es produziert. Anders gesagt, dass die Regeln, Gesetzmäßigkeiten und Werte, an denen sich eine große Mehrheit unserer Gesellschaft, insbesondere die führenden Kräfte in Politik, Wirtschaft, Finanzwesen und Medien orientieren, keine Zukunft haben. Wer wollte angesichts der derzeitigen Entwicklungen in der Welt, all der Gewaltexzesse, Kriege, Umweltkatastrophen und Skandale bestreiten, dass wir dringend umsteuern müssen und eine andere, am Leben orientierte symbolische Ordnung brauchen.

In einem 2012 erschienenen Büchlein mit dem Titel: »ABC des guten Lebens« stellen neun deutschsprachige Frauen in konzentrierter Form die Philosophie der Geschlechterdifferenz bzw. des Affidamento vor, mit der sie sich selbst seit Jahren auseinandersetzen und die sie aus ihrer eigenen Erfahrung weiterentwickelt haben. Dem Alphabet folgend beschreiben sie, was ihrer Überzeugung nach zu einer symbolischen Ordnung und zu einem »guten Leben« jenseits des Patriarchats gehört.[15] Viele der von ihnen vorgestellten Denkansätze, Wörter, Begriffe und Vorstellungen geben meines Erachtens wichtige Impulse zum Nachdenken auch über ein gutes Leben im Alter und eine altersgerechte und frauenfreundlichere Gesellschaft.

Ich zitiere zusammenfassend und in Auszügen aus dem »ABC des guten Lebens« und erlaube mir zum besseren Verständnis erklärende Anmerkungen. Zudem ergänze ich die Ausführungen der Autorinnen durch Beispiele und Überlegungen, die sich speziell auf das Leben in der dritten oder vierten Lebensphase beziehen.

Alle Menschen sind von Anfang an abhängig

»Menschen sind abhängig: von Wasser, Luft, Nahrung, und damit von der Erde, von anderen Menschen, die Dinge hergestellt haben, die sie brauchen, und von Menschen, auf deren Fürsorge sie angewiesen sind.

In der alten symbolischen Ordnung gilt die Abhängigkeit als etwas, das überwunden werden kann und überwunden werden sollte.«[16]

Unabhängigkeit, Autonomie, Selbstbestimmung waren und sind für viele Menschen noch immer die höchsten Werte im Leben. Aufgrund ihrer Gebürtigkeit sind jedoch alle Menschen von Anfang an abhängig und hätten ohne die Fürsorge anderer – insbesondere ihrer Mütter – niemals gesund und kräftig werden können. Sie wären gar nicht am Leben; sondern verhungert, verdurstet, verkümmert.

Freiheit im Sinne von völliger Unabhängigkeit zu erreichen ist für Menschen also gar nicht möglich. Abhängigkeit ist eine Grundbedingung des Menschseins und nicht als eine zu überwindende Schwäche zu denken.[17]

Noch vor wenigen Jahrzehnten, manchmal auch nur Jahren, schrieben viele Bildungseinrichtungen und Selbsterfahrungsgruppen den Begriff »Empowerment« auf ihre Fahnen und setzten sich zum Ziel, Frauen stark und unabhängig zu machen. »So schaffe ich es allein«, das war nicht nur ein Motto in der Arbeit mit alleinerziehenden Müttern, auch viele andere Frauen folgten diesem Leitsatz. Ohne Frage war diese emanzipatorische Zielsetzung in den Zeiten der zweiten Frauenbewegung wichtig und notwendig. Sie ist es für viele Frauen bis heute geblieben, insbesondere dann, wenn sie kleine Kinder (alleine) erziehen und noch dazu für den Familienunterhalt sorgen müssen. Es bleibt jedoch die Frage, ob das Streben nach Stärke und Autonomie in Krisen, bei Krankheit oder im Älterwerden wirklich taugt, um den spezifischen Anforderungen dieser Lebenssituationen zu begegnen.

Frauen mit geringem Einkommen oder kleiner Rente schämen sich zum Beispiel nicht selten, wenn sie die ihnen zustehenden Sozialleistungen in Anspruch nehmen müssen oder ihre Lebensmittel an einer »Tafel« für »Bedürftige« abholen. Um Hilfe zu bitten oder sie anzunehmen, haben ältere Frauen kaum gelernt. Dagegen fällt es ihnen leichter, ihre Lebensweise einzuschränken, eigene Wünsche zurückzustellen und anderen ihre Unterstützung anzubieten. Während verschiedener Krankenhausaufenthalte habe ich mehrmals erlebt, dass meine älteren Bettnachbarinnen sich scheuten, die Klingel zu betätigen und eine Schwester zu rufen, um ihnen aus dem Bett zu helfen oder ein Glas Wasser zu reichen. Auch bei mir selber habe ich diese Hemmung beobachtet und mich gefragt, weshalb Abhängigkeit und Angewiesensein selbst im Krankheitsfall so schwer zu ertragen sind.

Auf der anderen Seite musste ich feststellen, dass Abhängigkeit und Hilfsbedürftigkeit in unseren Kliniken nicht erwünscht sind, und zwar keineswegs nur aus medizinischen Gründen. Vielmehr zwingen die vor einigen Jahren eingeführten Fallpauschalen ÄrztInnen und Pflegepersonal dazu, ihre PatientInnen möglichst bald zu entlassen, das heißt, sie anzuhalten, schnell (wieder) auf den eigenen Beinen stehen und gehen zu können. Aus eigener Erfahrung weiß ich, dass aufgrund des bestehenden ökonomischen Drucks selbst Menschen nach Hause geschickt werden, die allein leben und sich aufgrund ihrer Schwäche (noch) nicht alleine versorgen können.

Kein Wunder also, dass es in unserer auf Selbstoptimierung, Fitness und Leistung ausgerichteten Gesellschaft negativ bewertet und als Makel angesehen wird, wenn jemand sich nicht (mehr) selbst helfen kann und auf andere angewiesen ist. Die Folge ist eine zunehmende Tendenz, Abhängigkeit an bestimmte Gruppen zu delegieren: an Arme, Kranke, Kinder, Alte oder ganz allgemein an »Fürsorge-Abhängige«. Durch diese Zuweisung entledigen sich die gesunden, kräftigen und jungen Menschen zumindest zeitweise der Aufgabe, sich bewusst zu machen, dass auch sie in vieler Hinsicht abhängig sind, ohne es zu merken.

Wie im »ABC des guten Lebens« betont wird, ist es natürlich keineswegs immer und per se gut, abhängig zu sein. Es gibt Abhängigkeiten, die überwunden werden sollten und müssen, weil sie aus neurotischer Verstrickung, wirtschaftlicher Not oder ungerechten Verhältnissen resultieren und in Erniedrigung und Unterdrückung münden. So gibt es in Deutschland noch immer zu viele Pflegeeinrichtungen, in denen alte Menschen fixiert oder mit Medikamenten ruhiggestellt werden und nicht in der Lage sind, sich gegen diese entwürdigende, ihre Abhängigkeit steigernde Behandlung zu wehren. Dass das so ist, hat in erster Linie mit den Mängeln unseres Pflege- und Gesundheitssystems zu tun, unter anderem dem Fehlen von genügend gut ausgebildeten Pflegekräften, einem unzureichenden Pflegeschlüssel und der schlechten Bezahlung des Pflegepersonals.

Menschen, die zwar noch nicht pflegebedürftig, aber auf die Hilfe ihrer Angehörigen oder professioneller Kräfte angewiesen sind, empfinden ihre Abhängigkeit häufig als große Belastung und scheuen sich, Unterstützung zu beanspruchen. Sie wollen anderen nicht zur Last fallen, ihre Hilfsbedürftigkeit und Schwäche nicht wahrhaben und sowohl vor sich selbst wie vor ihrer Umgebung den Schein aufrechterhalten, ihr Leben noch immer »im Griff« zu haben. Schon lange bevor sie pflegebedürftig werden, wehren sich alte Menschen manchmal sehr vehement, mit einem Rollator auf die Straße zu gehen, einen Gehstock zu benutzen oder in der U-Bahn den ihnen angebotenen Sitzplatz einzunehmen. Verinnerlichte Einstellungen, die es ihnen verbieten oder erschweren, die natürlichen Gegebenheiten des Alterns und die daraus resultierenden Schwächen und Einschränkungen anzuerkennen, beeinflussen noch immer das Verhalten vieler alter Menschen und machen ihnen und anderen das Leben schwer. Meist ist eine solche Haltung individuell-biografisch bedingt und wird durch die gesellschaftlich vorgegebenen Normen der Unabhängigkeit und Selbstbestimmung zusätzlich verstärkt. Dazu kommt, dass die Menschen, die heute alt, gebrechlich und pflegebedürftig sind, den 2. Weltkrieg und die Nachkriegszeit, vielleicht auch Flucht und Vertreibung erlebt haben. Sie sind geprägt von einer Kultur des Anpackens und Machens, des Aufbaus und des Neuanfangs. Für sie ist es besonders schwer, akzeptieren zu müssen, dass sie ihre Probleme nicht mehr wie gewohnt aus eigener Kraft bewältigen können, sondern auf Hilfe angewiesen sind und ihre Unabhängigkeit aufgeben müssen.

Bedürftigkeit ist ein menschlicher Normalzustand

Ein Mensch, der andere braucht oder sich nicht mehr allein und selbstständig versorgen kann, gilt bei uns als bedürftig und wird auch so bezeichnet: als hilfsbedürftig, pflegebedürftig, zuwendungsbedürftig, fürsorgebedürftig. Bedürftig zu sein ruft heutzutage vor allem negative Assoziationen und Abwehrreaktionen hervor. Wir sprechen zwar gern und viel von unseren individuellen Bedürfnissen oder davon, dass wir einen bestimmten Bedarf haben. Bedarf an einem angemessenen Einkommen, an gesunden Lebensmitteln, an fairen Arbeitsbedingungen, an ausreichend Wohnraum. Unseren Bedarf können wir energisch einfordern, seine Realisierung aktiv vorantreiben. Das Wort Bedürftigkeit bringen wir dagegen eher in Verbindung mit Ohnmachtsgefühlen und Opfersein. Es erinnert uns offenbar in erster Linie an einen defizitären, passiv zu erduldenden Zustand des Mangels und der Abhängigkeit.

»Bedürftigkeit ist jedoch ein menschlicher Normalzustand. Bedürftig zu sein, bedeutet, dass Menschen andere Menschen brauchen. Wir brauchen die Zuwendung und Fürsorge anderer; das wird nicht nur am Lebensbeginn und oft am Lebensende und in Krankheits- und Krisenzeiten deutlich, sondern auch in unserem Alltag.« »Niemand kann gänzlich für und aus sich allein ein gutes Leben führen.«[18]

Anders als die Rede von Bedürfnissen oder Bedarf verweist der Begriff Bedürftigkeit immer auf unsere eigene Verwundbarkeit und Verletzlichkeit. Die Bedürftigkeit führt uns in die Auseinandersetzung mit der Fragilität und Endlichkeit des Lebens, mit unserer Sterblichkeit. Deshalb bedroht sie unser Selbst- und Menschenbild, oft auch unsere Identität, und wird deswegen abgewehrt und verdrängt.

Der hohe Stellenwert von Eigenverantwortung, Selbstbestimmung und Autonomie, der unsere Gesellschaft kennzeichnet, macht es uns schwer, mit der eigenen Bedürftigkeit umzugehen. Wenn es uns jedoch gelingt, die eigene Bedürftigkeit und Abhängigkeit anzuerkennen, den Dualismus von Freiheit und Abhängigkeit aufzulösen, könnte vieles im Leben einfacher werden. Wer akzeptiert, dass es Freiheit nur in Bezogenheit gibt, dass kein Mensch ohne die Unterstützung anderer (gut) leben kann, schon gar nicht im Alter, wird es leichter haben, die Hilfe anderer zu erbitten und anzunehmen, ohne dies als Schande oder Schwäche zu empfinden. Wechselseitige Sorge füreinander engt den eigenen Spielraum nicht ein, sondern erweitert ihn. So kann eine Kultur der Fürsorge entstehen, in der wir gleichzeitig Empfängerinnen und Empfänger wie auch fürsorgend Tätige sind und Verantwortung für uns selbst und füreinander übernehmen. Zahlreiche Nachbarschaftsinitiativen, Wohngemeinschaften für Junge und Alte oder ähnliche Modelle zivilgesellschaftlichen Engagements leben diese Kultur längst vor und lassen hoffen, dass sie weiterwächst und blüht.

Dennoch gilt, dass sich bis heute vorwiegend Frauen für eine Kultur der Fürsorge (Care) verantwortlich fühlen, weitgehend unentgeltlich und auf ehrenamtlicher Basis. Dies hat bisher keineswegs zu einer entsprechenden Wertschätzung geschweige denn zu einer angemessenen Honorierung von Care-Arbeit geführt. Möglicherweise liegt in der Selbstverständlichkeit, mit der die meisten Frauen diese Tätigkeiten sowohl im familiären Umfeld wie auch für die Allgemeinheit übernehmen, sogar eines der Hindernisse für mehr Anerkennung sozialen und karitativen Engagements und einer stärkeren männlichen Beteiligung auf diesem Arbeitsfeld. Die in patriarchalen Familienstrukturen und Gesellschaftssystemen typische Erwartung, dass Frauen immer und überall für das Wohlergehen anderer zuständig sind, bekommen insbesondere Töchter und Schwiegertöchter zu spüren, wenn ihre (Schwieger-)Eltern alt werden und größere Fürsorge, Hilfe im Haushalt oder bei der Pflege brauchen. In den meisten Fällen übernehmen Frauen diese Aufgabe aus eigenem Antrieb, sogar dann, wenn sie noch minderjährige Kinder zu versorgen haben, ihre Berufstätigkeit reduzieren beziehungsweise ganz aufgeben müssen oder selber bereits im fortgeschrittenen Alter sind. Eigene Bedürfnisse und Bedürftigkeit werden dann nicht selten weit hintangestellt oder geleugnet, was übergroße Belastungen, Konflikte und gesundheitliche Beeinträchtigungen nach sich ziehen kann. Besonders schwierig gestaltet sich eine solche Situation für Frauen, deren Mütter ihr Leben lang das Ideal der Selbstständigkeit hochgehalten haben, ihre Bedürftigkeit und Abhängigkeit nicht akzeptieren können und nun plötzlich auf die Hilfe ihrer Töchter angewiesen sind. Hier braucht es eine große Portion ein- und mitfühlendes Bemühen und Verständnis füreinander. Genauso jedoch braucht es ein Wahr- und Ernstnehmen der eigenen Bedürfnisse und Grenzen sowie die Bereitschaft, Unterstützung von außen anzunehmen, wenn die Situation nicht zu völliger Überforderung, Entfremdung oder sogar einer Art Hass-Liebe führen soll, die zu destruktiven Verstrickungen führt oder sie verstärkt.

Nicht ohne Grund kommt der Mutter-Tochter-Beziehung in der Philosophie der Geschlechterdifferenz ein besonders hoher Stellenwert zu, denn gerade diese Beziehung wird von vielen Frauen als schwierig und konflikthaft erlebt, nicht erst in krisenhaften Lebenssituationen oder im Älterwerden. Insbesondere Luisa Muraro von der italienischen Philosophinnengruppe »Diotima« hat sich in ihrem Buch »Die symbolische Ordnung der Mutter« intensiv mit dem Verhältnis von Mutter und Tochter auseinandergesetzt. Wie andere Autorinnen ist sie der Auffassung, dass dieses Verhältnis im Patriarchat seit jeher in besonders destruktiver Weise entwertet und gestört wurde. Muraro betreibt jedoch nicht nur Ursachenforschung, sondern zeigt zukunftsweisende Perspektiven für eine Neubewertung und Wertschätzung dieser Beziehung auf, die für das weibliche Leben so bedeutsam ist. So hält sie Dankbarkeit der eigenen Mutter gegenüber – unabhängig von der Art und Qualität des individuellen Verhältnisses – für eine Haltung, die jede Tochter gewinnen kann, wenn sie anerkennt, dass es ihre Mutter war, die ihr das Leben geschenkt und ihr mit den ersten Worten und Gesten die Sprache und den Zugang zur Welt eröffnet hat[19]. Dankbarkeit der eigenen Mutter gegenüber können Töchter jedoch oft erst im Älterwerden und im Rückblick auf ihre eigenen Unzulänglichkeiten, Versäumnisse und Erfahrungen empfinden oder dann, wenn sie sich eingestehen, wie bedürftig und angewiesen sie selbst am Anfang ihres Lebens waren und bis zum Ende bleiben werden.

Dankbarkeit bereichert das Leben

Dankbarkeit betrachten viele Denkerinnen des Affidamento als besonders wesentlich, nicht nur der eigenen Mutter oder anderen Menschen gegenüber, sondern auch in größeren Zusammenhängen, nicht zuletzt in spiritueller Hinsicht. Für alle, die im Alter ein gutes Leben haben wollen, bekommt sie meines Erachtens sogar eine geradezu existenzielle Bedeutung.

»Dankbarkeit ist in unserer Gesellschaft zu einer moralisch eingeforderten, oft sinnentleerten Pflichtübung guten Benehmens geworden, die nur noch im privaten Bereich oder in der Religionsausübung etwas zu suchen hat. Wir halten dagegen die Bereitschaft und das Bedürfnis, Dankbarkeit zum Ausdruck zu bringen, für eine Folge des Bewusstseins, dass Menschen ohne Bezogenheit nicht leben können.« »Ohne Dankbarkeit für die Schönheit der Erde und ihre Fülle und ohne Dankbarkeit für das, was andere in früheren Zeiten geschaffen haben, wissen Menschen nichts über ihren Reichtum und darüber, was sie anderen und der Welt geben können.« So steht es im ABC des guten Lebens[20].

Dass Dankbarkeit unser Leben und erst recht unser Alter reicher macht, kann jede/r selbst ausprobieren und erfahren. Dankbarkeit bedeutet nicht nur zu würdigen, was uns geschenkt wurde und wer uns beschenkt hat. Gaben, die man bekommt, werden dann nicht mehr als selbstverständliche Leistungen betrachtet oder als etwas, worauf man ein Recht hat. Dankbarkeit macht uns fähig, selber zu Gebenden und Schenkenden zu werden.

Wie Dankbarkeit das Leben verändert und wie wir sie praktizieren können, bringt ein Märchen aus Russland zum Ausdruck, das zur Nachahmung einlädt:

Die Alte mit den Bohnen

Es war einmal eine alte Frau, die ein beschwerliches Leben hatte. Am Morgen, bevor sie das Haus verließ, zog sie ihre alte Kittelschürze an und ging in die Vorratskammer. Dort nahm sie eine Handvoll Bohnen aus dem Sack und steckte sie in ihre rechte Schürzentasche. So ausgestattet ging sie in den Tag. Wann immer ihr etwas Schönes begegnete – ein singender Vogel, ein lächelndes Kind, ein wärmender Sonnenstrahl, der ihr Gesicht kitzelte, oder das freundliche Wort eines Mitmenschen – nahm sie eine Bohne aus der rechten Tasche und steckte sie in ihre linke Tasche. Wenn sie am Abend nach Hause kam, setzte sie sich an den Tisch und nahm die Bohnen aus der linken Tasche, betrachtete sie noch einmal ausgiebig und erinnerte sich an all das Schöne, das sie an diesem Tag erlebt hatte. Und wenn auch nur eine einzige Bohne in ihrer linken Tasche war, so wusste sie, es war ein gelungener Tag.[21]

Bezogenheit ist die Grundlage allen Lebens

Die Auseinandersetzung mit den Themen Abhängigkeit, Bedürftigkeit und Dankbarkeit verdeutlicht, dass Beziehungen die entscheidende Grundbedingung menschlichen Seins darstellen. Ohne wechselseitige Bezogenheit – manchmal auch Interdependenz genannt – kann in dieser Welt nichts und niemand existieren, die Menschen so wenig wie Tiere, Pflanzen oder unser Ökosystem als Ganzes. Die Erkenntnis, dass unser Leben eines in Bezogenheit ist, hilft uns, Bedürftigkeit und Abhängigkeit neu zu sehen und zu verstehen, dass sie eine spezifische Qualität menschlichen Seins darstellen.

VertreterInnen der Natur- und Wirtschaftswissenschaften, allen voran der Gehirnforschung und Medizin, sprechen heute immer häufiger von interaktiven Vorgängen innerhalb von Zellen und Organismen, die aufeinander bezogen sind, sich gegenseitig beeinflussen oder wechselseitig ergänzen. Gerade in Bezug auf den menschlichen Körper erkennt die Forschung mehr und mehr solcher Verbindungen und Wechselwirkungen, zum Beispiel zwischen dem Darm und dem Gehirn. Und selbst die Mainstream-Ökonomie gibt immer öfter zu, dass das von ihr konstruierte Menschenbild des egozentrischen, nur auf sich selbst bezogenen Homo oeconomicus nicht haltbar ist. Damit wird Raum geschaffen, auch unter wirtschaftlichen Aspekten, das menschliche Selbst und Sein als eines in Bezogenheit zu verstehen.[22]

In den vergangenen Jahrzehnten haben sich Denkerinnen nicht nur in Italien, sondern in verschiedenen anderen Ländern mit dem Thema Bezogenheit auseinandergesetzt. So prägte die Philosophin und Politologin Hannah Arendt den Begriff des »Bezugsgewebes menschlicher Angelegenheiten« und fragte, »wie die immer neu als AnfängerInnen in die Welt eintretenden Menschen in einem nie endenden Prozess des Lösens und Bindens ihr Zusammenleben gestalten wollen.«[23] Die zweite Frauenbewegung hat diese Anstöße aufgenommen und weitergedacht. Insbesondere die US-amerikanische Entwicklungspsychologin Carol Gilligan setzte mit ihrem Buch »Die andere Stimme« eine Debatte über die Bedeutung menschlicher Bezogenheit in Gang und trat dafür ein, die gängige Ethik der Rechte durch eine Ethik der Fürsorge zu ergänzen.[24]

Auch in Deutschland reflektieren zahlreiche Frauen seit Langem, wie das mit der Geburt gegebene, nie endende Angewiesensein der Menschen aufeinander und ihre Fähigkeit, Abhängigkeiten frei zu gestalten, wiederentdeckt und zur Grundlage einer neuen Beziehungskultur werden kann, die weit über menschliche Belange hinausführt. »Sich in Beziehung setzen. Zur Weltsicht einer Freiheit in Bezogenheit« ist denn auch der Titel eines von Ina Praetorius herausgegebenen Bandes, in dem Denkerinnen und Praktikerinnen aus den verschiedensten Bereichen (Biologie, Bioethik und Epigenetik) und zu verschiedensten Themen (wie Geld, Grundeinkommen oder Sozialpolitik) beschreiben, wie eine solche Kultur verwirklicht werden und die Welt verändern kann.[25] Eine solche Weltsicht und Kultur wird, wenn wir sie weiterdenken und weiterentwickeln, unser Älterwerden und Altsein reicher und erfüllter machen. Davon bin ich überzeugt.

Gott gibt es nur in Beziehung – Feministische Theologien des Bezogenseins

Unter dem Blickwinkel der Bezogenheit und des Verbundenseins wurde in den letzten Jahrzehnten nicht zuletzt auch das Verhältnis von Gott und Mensch neu definiert. So hat die US-amerikanische Theologin Carter Heyward in ihrem 1982 erschienenen Buch »Und sie rührte sein Kleid an« vorgeschlagen, Gott als »Macht in Beziehung« zu denken. Sie schreibt: »Gott ist für mich das, was wir als Mutter oder Vater, als Schwester oder Geliebte, Freund oder Bruder denken können (...). In der Macht der Beziehung ist Gott hier, ist Gott jetzt.« »Göttliches Wesen treibt uns und sehnt sich nach uns, bewegt sich in uns und durch uns und mit uns, indem wir uns selbst als Menschen erkennen und lieben lernen, die von Grund auf in Beziehung stehen und nicht allein sind. Nur in Beziehung gibt es Liebe oder einen wirklichen Gott. Nur in Beziehung zu anderen sind wir in Gott. Wir erfahren Gott gemeinsam oder gar nicht.«[26]

Grundlegend neu und radikal anders als in den meisten theologischen Denkschulen der Achtzigerjahre war nicht nur Carter Heywards Gottesvorstellung und Menschenbild, sondern auch ihr Verständnis von Heilung, das sie aus einer im Neuen Testament überlieferten Szene ableitete. Es ist die Geschichte von einer Frau, die seit vielen Jahren an Blutfluss litt und gesund wurde, als sie ihre Hand ausstreckte und die Kleider Jesu anrührte (Markus 5,25–34). Heyward schreibt diese Heilung nicht allein Jesus zu, sie versteht sie als ein Beziehungsgeschehen zwischen ihm und der kranken Frau, das auf deren Initiative hin erst möglich wurde. Heilung beruht also auf Beziehung, auf einer Dynamik des Austauschs und damit auf Gegenseitigkeit. Die heilsame Beziehung zwischen Jesus und der kranken Frau entsteht durch Berührung. Deshalb ist die Geschichte nicht nur im Zusammenhang mit Krankheit und Heilung wichtig, sie verweist auch auf die große Bedeutsamkeit des Berührens und Berührtwerdens im Alter, in der Palliativversorgung, im Sterbeprozess und nicht zuletzt in jeder spirituellen Praxis.

Wie Carter Heyward sprachen auch die feministischen Theologinnen Elisabeth Moltmann-Wendel und Catharina J. Halkes von Gott als einem Beziehungswesen und beschrieben die Gottesbeziehung als Freundschaft auf Gegenseitigkeit. Damit knüpften sie an lange vernachlässigte Traditionen des Christentums an, zum Beispiel an die Mystik einer Teresa von Avila, für die Gott in erster Linie ein Freund war, mit dem sie vertrauten Umgang pflegte und alles besprechen konnte, was ihr Herz bewegte (vgl. das Kapitel »Hildegard von Bingen und Teresa von Avila«).

Auch die Theologin und Mystikerin Dorothee Sölle hat den Begriff »Relationalität« immer von Neuem, besonders jedoch im Alter reflektiert. Gegenseitigkeit – statt Herrschaft und Gehorsam – war auch für sie ein Merkmal der Beziehung zwischen Gott und Mensch. In ihrem letzten Buch »Mystik des Todes« schreibt sie: »Gegenseitigkeit enthält zwei Elemente: Angewiesensein, Bedürftigkeit, das Brauchen des anderen, um zum Leben zu kommen.« »Der Zeitgeist vergötzt die Unabhängigkeit des Individuums, behauptet uns selber als autark, sich selbst genügend. Aber ist das genug zum Glück?«[27] Die Frage nach dem Glück hat Sölle bis ins Alter bewegt und noch kurz vor ihrem Tod sprach sie in einem Vortrag eindringlich über diese Qualität des Seins, die ihr für menschliche Beziehungen ebenso wesentlich zu sein schien wie in der Bezogenheit auf Gott.

Die brasilianische Theologin Ivone Gebara weitet wie Carter Heyward und Dorothee Sölle ihre Theologie der Beziehung, der Gegenseitigkeit und der Interdependenz ebenfalls auf das Ökosystem der Erde und die gesamte Schöpfung aus. Der Begriff der Relationalität, so schreibt sie, »beinhaltet die Aufforderung, uns ständig neu als menschliche Wesen, die mit anderen zusammen Teil eines einzigen Lebensnetzes sind, zu verstehen.«[28]

Wie fassungslos Menschen reagieren und wie katastrophal die Folgen sein können, wenn dieses tragfähige Lebensnetz zerstört wird, zeigte sich im März 2015, als der Copilot einer deutschen Fluggesellschaft den Absturz seiner Maschine selbst herbeiführte und 150 Menschen mit in den Tod riss. In einem Leitartikel der Süddeutschen Zeitung setzte sich Detlef Esslinger mit Reaktionen und Fragen auseinander, die diese Katastrophe nicht nur bei den Angehörigen auslöste.

Er schrieb: »Zu den Eigenschaften des Menschen gehört, dass er ohne Vertrauen kaum lebensfähig wäre, und außerdem, dass er für alles eine Erklärung haben möchte. Man muss darauf vertrauen können, dass das Dach hält, unter dem man schläft und das ein anderer gezimmert hat; dass das Wasser ohne Gift ist, das ein anderer abgefüllt hat; dass im Flugzeugbauch kein Schraubenschlüssel an einer Stelle vergessen wurde, wo er unterwegs auf gar keinen Fall hingehört. Vertrauen ist unverzichtbar, und man denkt auch nicht darüber nach: Es gehört ja so selbstverständlich dazu. (…) Tausendmal am Tag bleibt einem kaum etwas anderes übrig, als sich auf andere zu verlassen.«[29]

Solche nachdenklichen Sätze eines Mannes im Leitartikel einer großen deutschen Tageszeitung zu lesen, hat meine Hoffnung auf ein Umdenken gestärkt, denn sie eröffneten eine Dimension, die nicht nur bei »unfassbaren« Katastrophen und krisenhaften Ereignissen, sondern tagtäglich Aufmerksamkeit verlangt und besonders im Blick auf unser Älterwerden und Altsein von Bedeutung ist.

Die schwarze Alte in Sagen, Märchen und Mythen

Tanz, schwarze Alte,
Ceridwen, Kali und du, alte Percht.
Tanz, schwarze Alte,
an deiner Seite ist nun mein Platz.

Brau, schwarze Alte,
brau mir den süßen Trank,
der zur inneren Weisheit führt.
Mein Mondfluss ist seit Monden
schon versiegt und es ist Zeit,
meine Wandlung zu feiern.

Tanz, schwarze Alte,
sing dabei deine Lieder,
die nun auch die meinen sind;
und mit Freuden will ich sie singen.
Tanz, schwarze Alte, tanz,
an deiner Seite ist nun mein Platz.
DIANA MONSON[30]

Frauen, die auf der Suche sind nach Vorbildern für das eigene Alter oder nach einer weiblichen Spiritualität des Älterwerdens, finden in den Mythen der Völker und in einheimischen Sagen und Märchen anregende Beispiele. Wie das Gedicht von Diana Monson andeutet, hat die alte Frau der europäischen Mythen viele Namen und Gesichter und lässt uns die Wahl, welche ihrer verschiedenen Aspekte, Wesenszüge und Eigenschaften sie zu einer Begleiterin auf dem persönlichen Weg machen könnten. Ihre Gestalt ist jedoch häufig stark verformt, verniedlicht oder dämonisiert. Denken wir nur an die böse Hexe bei Hänsel und Gretel oder an die furchterregende Baba Yaga der russischen Märchen. Dasselbe gilt, wenn die mythische Alte zur Göttin wird, wie zum Beispiel die vorhellenistische Hekate, die Herrin der Kreuzwege, oder die nordische Hel, deren Reich unter der Erde man zur Hölle gemacht hat. Wie das bekannte Märchen der Gebrüder Grimm noch ahnen lässt, gehört auch Frau Holle zu den verdrängten und verkannten alten Gottheiten Nord- und Mitteleuropas, ebenso die eng mit ihr verwandte Frau Perchta der Alpenländer, an deren Seite sich Diana Monson sieht. Häufig spiegeln sich in diesen Volksüberlieferungen nicht nur sehr archaische Vorstellungen vom Charakter und den Erscheinungsweisen des weiblich Göttlichen, sondern auch eine seit vielen Jahrhunderten andauernde Praxis des Verschweigens, des Unsichtbarmachens und der Abwertung alter Frauen in den westlichen Gesellschaften. Denn natürlich haben kulturelle Entwicklungen und patriarchale Denkmuster Einfluss genommen auf die Entstehung und die Ausformung von Sagen, Märchen und Mythen. Dennoch stellt sich bei näherem Hinsehen und Hinhören heraus, dass viele dieser Erzähltraditionen – wenngleich oftmals verformt oder verschlüsselt – das Erbe unserer Vormütter und AhnInnen bewahrt haben und es mit Fantasie, Poesie und kreativer Freiheit gestalten. Auf diese Weise erfahren wir manches über das Selbstverständnis und den gesellschaftlichen Status alter Frauen in früheren Kulturen und ebenso über die Vielfalt und Verschiedenheit weiblicher Symbolisierungen der alten Göttin und ihrer Wirkungsmacht.

Wie wir wissen, erzählen Mythen und Märchen nicht Einzelschicksale oder individuelle Lebensgeschichten. Sie sind eine Schatzkammer kollektiver Weisheit, die über Jahrhunderte, oft sogar Jahrtausende hin gefüllt wurde. In ihnen verdichtet sich die Summe an Lebenserfahrung und Weisheit von Stammesgesellschaften und Völkern, zugleich auch ihre religiösen und weltanschaulichen Vorstellungen und Werte. Märchen und Mythen sprechen in Typisierungen, in Symbolen, in Bildern und in Metaphern von allgemeiner Gültigkeit. Selbst wenn sie stark geprägt sind durch den jeweiligen Kulturraum, aus dem sie kommen, weisen sie in ihrem Kern überall auf der Welt erstaunlich viele Gemeinsamkeiten und Parallelen auf.

Die alte Göttin als Ratgeberin und Begleiterin

Der US-amerikanische Psychoanalytiker James Hillman – ein ausgewiesener Kenner mythologischer Bilder und Gestalten – schreibt in seinem Buch »Warum wir so alt werden«: »So, wie Kindheit und Jugend ihre Beschützer haben, die zu den Heldentaten der ersten Liebe und wilden Abenteuern inspirieren, braucht auch das Alter seine Götter.«[31] Ich gebe ihm recht, möchte jedoch ergänzen: … so brauchen älter werdende Frauen ihre Göttinnen, die sie auf ihrem Weg in die dritte und vierte Lebensphase begleiten, beraten und beschützen.

Im Folgenden stelle ich einige große Göttinnen unseres Kulturraums vor, die in den Mythen und Sagen alle weiblichen Lebensalter durchlaufen und auch als alte Frauen beschrieben werden. Zudem haben sie religionsgeschichtlich gesehen ein hohes Alter. Die Bilder und Geschichten, die von ihnen erzählen, erinnern uns einerseits an den hohen Rang, der alten Frauen in den dörflichen Gemeinschaften und den Kulttraditionen Mitteleuropas zukam. Zugleich zeigen sie deutlich, dass in der religiösen Welt früherer Zeiten auch Göttinnen altern, also die zyklischen Prinzipien und Kreisläufe des Lebens repräsentieren. Dies und manches mehr unterscheidet sie wesentlich von den männlichen Gottheiten monotheistischer Religionen, die in der Vorstellung der Gläubigen zwar manchmal ebenfalls alt sind und menschenähnliche Züge haben, jedoch niemals mit dem Zyklus von Werden, Sein und Vergehen in Verbindung gebracht werden.

Wenn wir uns mit den vielgestaltigen alten Göttinnen der europäischen Mythologie auseinandersetzen oder uns mit ihnen identifizieren, bekommen wir Zugang zu einem uralten tiefen Wissen, zu unseren eigenen Wurzeln und zu unserer inneren Weisheit. Möglicherweise gelingt es uns dadurch, unsere eigenen inneren Potenziale freizulegen und ans Licht zu bringen. In diesem Sinn können die alten Göttinnen auch als archetypische Seelenbilder verstanden werden, deren Kraft sich umso intensiver entfaltet, je mehr wir uns auf sie einlassen.

Bezeichnenderweise taucht die dunkle Alte oder die Schwarze Göttin häufig dann in Märchen, Träumen oder Trancereisen auf, wenn wirklich Existenznot herrscht, »wenn Menschen reif sind für neue Entwicklungsschritte«. So die schamanische Lehrerin Ursula Walser-Biffiger, die sich intensiv mit den Mythen ihrer Schweizer Heimat beschäftigt hat und in ihrem Buch »Wild und weise« ihre persönlichen Erfahrungen mit den archaischen alten »Weibsbildern aus dem Land der Berge« schildert. Diese alten Weiber haben nur selten Ähnlichkeit mit den Bildern, die wir uns von einer Göttin machen. Sie sind oft unscheinbar, unansehnlich, gebrechlich, hässlich, auch wild und närrisch. Ihr Rat wirkt auf den ersten Blick manchmal ziemlich seltsam und verwunderlich. Wie Ursula Walser-Biffiger treffend und kritisch anmerkt, gehören genau jene Merkmale, die das christliche, manchmal sogar das feministische Frauenbild prägen, nämlich Liebe, Wärme, Sensibilität, bedingungslose Akzeptanz oder Großzügigkeit, keineswegs zu den hervorstechenden Zügen dieser schwarzen Alten. Wer sich auf den Weg zu ihr begibt, »kommt unweigerlich mit ihrem bedrohlich wirkenden Potenzial der Zurückweisung, des Verlassens und des Todes in Berührung.«[32] Gerade darin zeigt sich ihr göttliches Wesen und ihre Nähe zu jenen Göttinnen, von denen hier die Rede ist.

»Und vielleicht«, so vermutete die US-amerikanische Schriftstellerin Barbara G. Walker bereits vor drei Jahrzehnten, »wird die Alte notwendigerweise von einer Welt wiederentdeckt, die augenscheinlich von männlichen Systemen an den Rand der Katastrophe gedrängt wird, für die sich keine Parallele in Geschichte und Vorgeschichte findet.«[33] In jedem Fall ist gerade sie eine hilfreiche und verlässliche Ratgeberin, eine spirituelle Lehrerin sowohl in persönlichen wie auch in kollektiven Krisenzeiten. Nicht zuletzt kann sie zum Vorbild werden für Frauen, die sich den gesellschaftlich verordneten Bildern und Normen des Alterns verweigern und ihnen andere Lebensmodelle entgegensetzen wollen.

Archetypische Symbole und Bilder stammen wie bereits erwähnt nicht aus unserer eigenen Biografie, sondern sind aus dem tiefen Strom der Erfahrungen und Visionen vieler Generationen hervorgegangen, den C. G. Jung das kollektive Unbewusste nannte. Diese Kraftquelle haben alle menschlichen Wesen in sich, auch wenn ihnen das nicht (immer) bewusst ist. Oft allerdings scheint dieser Urstrom ausgetrocknet, der Anschluss an die Wasser der eigenen Tiefe verstopft zu sein. Manchmal schlummern diese Potenziale viele Jahre ungenutzt in uns und es braucht Geduld und Aufmerksamkeit, um sie wieder ins Fließen zu bringen. Wenn es jedoch gelingt, sie zu wecken und freizulegen, dann bringen sie ungeahnte verborgene Energien aus unserem Innersten zum Vorschein. Häufig zeigen sich diese Kräfte jedoch erst dann, wenn sie gebraucht werden. Und das ist in Übergangs- und Krisenzeiten unseres Lebens ebenso der Fall wie im Prozess des Älterwerdens und im Altsein, wo es gilt, tief greifende Veränderungen und Herausforderungen zu meistern.

Die Göttin als Verkörperung zyklischer Wandlungsenergien

Zu den bedeutendsten und bekanntesten weiblichen Gottheiten unseres Kulturraums gehören Holla und Perchta. Wie alle großen Göttinnen, die ihre Ursprünge in frühgeschichtlicher Zeit haben, verkörpern sie den Kreislauf der Jahreszeiten, die Vegetationszyklen der Natur, die Phasen des Mondes, den Lauf der Sonne und die rhythmischen Gesetzmäßigkeiten des Kosmos, also die dynamischen Regenerations- und Erneuerungskräfte des Lebens. Sie verkörpern, was das Wort »altern« bzw. »sich altern« noch im spätmittelalterlichen Sprachgebrauch meinte: sich erneuern.[34] In den frühen Zeiten der Menschheit wurden diese Gottheiten wohl als Ahninnen verehrt und »Große Mutter« (Magna Mater) genannt. Später haben sie sich ausdifferenziert in unterschiedliche Erscheinungsweisen und Zuständigkeitsbereiche und erhielten dementsprechend verschiedene Namen und Gesichter. Da sie nicht nur die Kreisläufe der Natur, sondern auch den weiblichen Zyklus und die Lebensphasen der Frau verkörperten, erschienen sie häufig in drei Gestalten: als junges Mädchen bzw. Jungfrau, als reife, sexuell aktive, mütterliche Frau und als Alte bzw. Greisin, deren Kraft zwar abnimmt, die jedoch im Abnehmen bereits das neue Leben vorbereitet. In der Farbsymbolik matriarchaler Kulturen wurden diese verschiedenen Aspekte weiblichen Seins und zyklischer Wandlungsenergie in den Farben Weiß, Rot und Schwarz zum Ausdruck gebracht.

Ein bekanntes südeuropäisches Beispiel für diese dreigestaltige Göttin ist die griechische Demeter, die dea mater. In den Mythen erscheint sie als Kore (das Mädchen), als Persephone (die reife Frau) und als Hekate (die Alte). Dreigestaltig wie Demeter sind auch die drei griechischen Moiren. Die erste von ihnen ist Klotho, die den Lebensfaden spinnt; ihr Symbol ist die Spindel. Die zweite heißt Lachesis; sie misst den Lebensfaden zu. Atropos, die dritte, trägt eine Sichel und schneidet den Faden wieder ab. Dieser weiblichen Dreiheit entsprechen die römischen Parzen und die germanischen Nornen. Auch die drei Bethen und die christlichen Heiligen Katharina, Barbara und Margarethe sind eng mit ihnen verwandt. In den bayrischen Sagen werden sie häufig zu drei Schwestern oder drei Saligen Frauen, stehen jedoch noch immer unverkennbar in der Tradition der dreigestaltigen Göttin, die das ständig sich erneuernde Leben repräsentiert.[35]

Die zyklischen Wandlungskräfte dieser Göttinnen erlebten die Frauen nicht nur im jahreszeitlichen Geschehen in der Natur, im Lauf der Sonne und den Mondphasen, sie erfuhren sie ebenso im Zentrum ihrer Weiblichkeit, in ihrem eigenen Körper. Sie waren Teilhaberinnen und Akteurinnen in einem Prozess steten Werdens, Seins und Vergehens. Eingebunden in ein großes Ganzes hatte jede Frau ihre ganz eigene Bedeutung und Aufgabe. Sie wusste, dass es vor ihr eine endlose Reihe von Ahninnen gab: Mütter, Großmütter, Urgroßmütter, und dass es nach ihr eine endlose Reihe von Töchtern, Enkelinnen, Urenkelinnen geben würde. Auch wenn ihr eigenes Leben zu Ende ging, blieb sie in diese lange Kette eingebunden und behielt dort ihren Platz. So trug sie bei zum Fortbestand ihrer Sippe und zur stetigen Erneuerung des menschlichen Lebens.

Diese Gewissheit prägte das Menschen- und Weltbild sowie die religiöse Vorstellungswelt aller frühen Kulturen. Bis ins letzte Jahrhundert hinein fand es hierzulande und anderswo seinen Ausdruck in der Volksfrömmigkeit, in jahreszeitlichen Bräuchen, in Sagen und Märchen, wenn auch oft erst auf den zweiten Blick erkennbar. Allerdings muss man und frau oftmals hinter die obersten und jüngsten Erzählschichten schauen, um die weiblich und naturhaft geprägte Religiosität und Symbolsprache früherer Zeiten zu entdecken.

Holla und Perchta als Wächterinnen der kosmischen und irdischen Ordnung

Auch die Spuren der Göttin lassen sich meist erst dann finden, wenn spätere Übermalungen und Verformungen durchschaut und entfernt worden sind. Es macht die Suche nicht einfacher, dass die Sagen und Märchen verschiedene Namen überliefern und Gestalten wie Motive vermischt und mit fremden Elementen angereichert wurden. Dies trifft insbesondere auf Holla und Perchta zu, die je nach Gegend Frau Holle, Hulda, Frau Hulderin, Huldermutter, Frau Berchta, Bertha, Perchtlweib oder Perchtlbaba heißen konnten. Baba bedeutet im Slowenischen »die Alte« und findet sich auch im Namen der russischen Baba Yaga.[36]

In jeder ihrer Erscheinungsweisen sind diese göttlichen Frauen Trägerinnen und Bewahrerinnen weiblichen Wissens und Könnens. Sie waren es, die ihren irdischen Geschlechtsgenossinnen die Grundlagen vieler Kulturtechniken beibrachten, allen voran das Spinnen und Weben, den Anbau von Flachs und Getreide, das Brauen von Bier und das Backen von Brot. Sie galten als Helferinnen, Verbündete und Beschützerinnen insbesondere der Frauen und ihrer Kinder. Manche Geheimnisse gaben sie nur an die alten Frauen weiter, so vor allem das Wissen um die Kraft der Kräuter, um Heilung, Geburt und Tod, um die Anderswelt und das Seelengeleit.

Mit Strenge wachten sie über die Einhaltung der natürlichen Zyklen und Gesetzmäßigkeiten des Lebens und des Kosmos; wenn diese missachtet wurden, verhängten sie nicht selten harte Strafen.

Noch in der Märchengestalt von Frau Holle, wie die Gebrüder Grimm sie geformt haben, fordern sie Gehorsam, jedoch nicht im Sinn einer moralisch verstandenen schwarzen Pädagogik, sondern einer

Haltung der Einsicht in eine höhere Ordnung, die im eigenen Interesse geachtet und respektiert werden muss.

Hüterinnen der kosmischen und der irdischen Zyklen und Ordnungen, wie Holla und Perchta, erscheinen in der Mythologie häufig als alte Frauen. Auch in der Grimm'schen Version des Märchens ist Frau Holle eine Alte, die die junge Marie ins Frausein initiiert, so wie das überall auf der Welt die alten Frauen getan haben oder noch tun. Marie muss verschiedene Prüfungen bestehen, insbesondere die von Holle verhängten Tabus beachten, die von ihr angeordneten Arbeiten verrichten und Verantwortung für die Kreisläufe der Jahreszeiten und des Lebens übernehmen. Dementsprechend gehört es zu ihren Aufgaben, Frau Holles Betten zu schütteln, weil es nur dann auf der Erde Winter wird und schneit. Und noch bevor sie in der Wohnung der Alten ankommt, muss sie eines der wichtigsten Gesetze matriarchaler Kulturen lernen, nämlich ein Gefühl für die »richtige Zeit« zu bekommen. Schon diese Herausforderung meistert sie mit Bravour: Sie sammelt die reifen Äpfel auf, sie holt das gebackene Brot aus dem Ofen, sie melkt die Kuh, deren Euter übervoll ist. Sie hat Augen für das, was getan werden muss, und Ohren für die leisen Stimmen und »Anrufe« am Wegrand, seien es die eines Tieres oder eines Baums. Selbst die Sprache des Backofens – einem alten Symbol für die Gebärmutter – versteht sie und leistet »Geburtshilfe« für das Brot, das ohne ihre Dienste verbrennen würde und ungenießbar wäre.

Wie wir wissen, haben die Gebrüder Grimm viele der Märchen, die sie sammelten und aufschrieben, geglättet, bearbeitet und damit verändert. Das gilt sicher auch für »Frau Holle«. Erstaunlicherweise scheint jedoch in der Alten mit den großen Zähnen bei genauem Hinsehen noch immer das Bild der Göttin durch, die nicht nur Verständnis zeigt für das heimwehkranke Mädchen und ihm reichen Lohn mitgibt, sie ist zugleich streng, ermahnt, fordert und straft, hat also durchaus jenen sprichwörtlichen Biss, der oft alten Frauen zugesprochen wird. Das zeigt sich besonders im zweiten Teil des Märchens, als die »faule« Stiefschwester der Heldin zum Abschied Pech statt Gold als Lohn erhält, weil sie die initiatorischen Prüfungsaufgaben von Frau Holle nicht bestand bzw. sich ihnen gar nicht erst stellte. Statt der freundlichen, verständnisvollen Holla, die Goldmarie kennengelernt hatte, begegnete sie der strengen und fordernden Göttin, die sie durchschaut hatte und nicht bereit war, ein Auge zuzudrücken.

Die winterliche Gestalt der strengen alten Göttin

In ihrem Aspekt als »Schwarze Göttinnen« sind Holla und Perchta vor allem winterliche Gestalten. Diese Seite kommt im Grimm'schen Märchen »Frau Holle« durch das Motiv der Schneeflocken zum Ausdruck, die auf die Erde fallen, wenn Marie die Federkissen schüttelt. Die grüne Wiese mit ihren bunten Blumen, der Backofen und die reifen Äpfel sind dagegen symbolhafte Bilder der anderen Jahreszeiten, die Marie durchwandert, bevor sie bei der Alten ankommt.

Der Winter brachte in früheren Zeiten nicht nur Kälte, Schnee und Eis, sondern ging insbesondere in den Bergen mit endloser Dunkelheit, mit langen Nächten, mit Einsamkeit, Hunger und Entbehrung, mit Angst und Schrecken, wilden Stürmen und Lawinen einher. Dementsprechend verkörperten Holla und Perchta in ihrem winterlichen Aspekt die wilden, kargen und schroffen, ja sogar die grausamen und zerstörerischen Kräfte in der Natur.

Auch als Tödin, Frau Tod oder als Todesbotin wurde die Wintergöttin verstanden, denn zu keiner anderen Jahreszeit waren die Menschen den Gefährdungen und der Vergänglichkeit allen Lebens so ausgeliefert. In zahlreichen europäischen Sagen, die von der »Wilden Jagd« oder dem »Wütenden Heer« erzählen, spiegelt sich dieser furchterregende Aspekt der winterlich-wilden Göttin. Jedoch ist er, wie schon erwähnt, häufig unkenntlich gemacht oder auf eine männliche Gestalt wie zum Beispiel Odin oder Wotan übertragen worden. Auch Holla oder Perchta brausen in den Raunächten zwischen der Wintersonnwende und dem Großen Perchten- bzw. Hollentag (6. Januar) durch die Lüfte und führen einen Zug von Toten an. Hinter solchen, für uns befremdlichen Bildern, verbirgt sich die Vorstellung, dass die Göttin die Seelen Verstorbener »zwischen den Jahren« einsammelt und heimführt in ihr Reich. In diesem geheimnisvollen heiligen Zeitraum, in dem die Grenzen zwischen den Welten durchlässiger waren als sonst, wurde die Göttin zur Totenmutter. Sie führte die Seelen der Toten in die Anderswelt, die sich alpenländischen Überlieferungen zufolge hoch oben in den Gletscherregionen der Berge befindet. Die winterliche Göttin hatte jedoch auch eine fürsorglich-zärtliche Seite. Die zeigt sie insbesondere in jenen Sagen, die davon berichten, dass sie in der Nacht vor dem ihr geweihten Perchtentag alle verstorbenen Kinder heimholt in ihr Reich und sie dort beschützt und versorgt wie eine Mutter, bis die Zeit ihrer Wiedergeburt gekommen ist.[37]

Dass auch die schwarze Percht den Menschen zugewandt und wohlgesonnen blieb, spiegelt sich in vielen überlieferten Bräuchen der Mittwinterzeit. In den eisig kalten Januarnächten vor dem 6. Januar, dem Tag, an dem das Sonnenlicht sichtbar wieder zuzunehmen begann, zog die Göttin von Haus zu Haus, um Menschen und Tiere zu segnen. Wer sie einlud, ihr einen Tisch bereitete, Speisen vorsetzte und Opfergaben darbrachte, konnte das ganze Jahr auf reichen Lohn, auf Schutz und Hilfe aus der anderen Welt hoffen. Dieses Ritual wurde im Volksglauben auch mit anderen göttlichen Frauen in Verbindung gebracht, zum Beispiel den drei Bethen oder den heiligen drei Jungfrauen Katharina, Margarethe und Barbara. Erst im 12. Jahrhundert hat die Kirche diese kultischen Schutz- und Segensaufgaben dann auf die heiligen drei Könige übertragen und den Perchtentag zum Dreikönigsfest umgewandelt.[38]

Die strahlende und die dunkle Göttin

Die Doppelnatur der Göttinnen und ihre, sämtliche Jahreszeiten und Lebensphasen umfassenden Merkmale und Zuständigkeiten spiegeln sich auch in den Namen, die man ihnen gegeben hat. »Perchta« geht manchen Deutungen zufolge auf das althochdeutsche Wort peraht zurück und bedeutet so viel wie das englische bright: leuchtend, strahlend, glänzend. Es meint jedoch auch die Göttin, die sich verhüllt und ihr Gesicht hinter einer Maske verbirgt, wie die alpenländischen

Perchten es tun. Auch Holla ist sowohl die Helle, die Holde – als Herrin der Unterwelt, als Hel, jedoch auch die Dunkle, die Schwarze.

Dementsprechend zeigen oder verhüllen sich Perchta und Holla im Lauf der Jahreszeiten und nehmen unterschiedliche Züge und Gestalten an. Im Frühling und Sommer verkörpern sie die strahlende, Leben und Liebe, Fülle und Kraft verströmende jugendliche Göttin. In ihrem roten Aspekt symbolisieren sie die Frau auf dem Höhepunkt ihrer erotischen und auch ihrer mütterlichen Kraft. Sie gehen mit einem Füllhorn an Gaben über die grünende und fruchtbare Erde. Im Winter werden sie zur schwarzen Alten und verbergen ihre wärmenden und freundlichen Seiten, spinnen jedoch zugleich den Faden des Lebens neu. Im Perchtenbrauchtum Bayerns übernehmen die Schiachperchten die dunklen, gefürchteten Züge, die Schönperchten dagegen den Sonnenaspekt der Göttin. Beim winterlichen Perchtenlaufen im oberbayrischen Kirchseeon trägt Frau Percht eine Maske, die auf einer Seite das weibliche Gesicht der Sonne, auf der anderen das von Luzifer zeigt. Auch wenn hier – wie häufig im Brauchtum und in den Sagen – der furchterregende schwarze Aspekt der Göttin dämonisiert und vermännlicht wurde, lässt sich noch immer deutlich erkennen, wie untrennbar die jahreszeitlich verschiedenen Erscheinungsweisen zusammengehören und im Bild der einen Göttin ineinanderfließen. Die große Reichtums- und Segensspenderin kann deshalb zugleich als hässliche Alte auftreten, so zum Beispiel in Italien, wo die Percht – dort Befana genannt – noch immer am 6. Januar, dem Erscheinungstag des Lichts, die Kinder beschenkt.

Mit der zunehmenden Christianisierung wurden im Mittelalter nach und nach viele der großen Göttinnen des europäischen Kulturraums verdrängt oder zu Heiligen umgewandelt, letztlich also vereinnahmt und in ihrer ursprünglichen Gestalt unkenntlich gemacht. Nur in den Sagen und scheinbar säkularen Bräuchen konnten die alten Glaubensüberzeugungen und Gottheiten einigermaßen unbeschadet überleben. Erstaunlicherweise blieben Holla und Perchta dort präsent. Manchmal wurde ihnen sogar ein christliches Mäntelchen übergestülpt oder eine Heiligenlegende verpasst, wie im Fall der heiligen Ursula oder Gertrud. Der Volksglaube jedoch erkannte sie auch in dieser

Verkleidung.[39] Zu tief waren sie im Volksglauben und in der Seele der Menschen verwurzelt.

Großmütterchen Immergrün

In einem wenig bekannten Märchen aus einer vorgrimmschen Sammlung begegnet uns die alte Holla in einer ganz anderen Gestalt als in den winterlichen Sagen der Alpenwelt. Sie erscheint dort in einem sommerlichen Wald und wird »Großmütterchen Immergrün« genannt. Bereits dieser Name bringt zum Ausdruck, dass sie trotz ihres Alters die erneuernden Aspekte der Göttin verkörpert. Auch diese mythische Gestalt kann unsere Vorstellungen und Bilder vom weiblichen Alter bereichern und verändern.

Ich gebe nur den Anfang des Märchens wieder und lasse einige Motive weg, die meiner Auffassung nach erst in der Romantik eingefügt wurden.

> *Es war einmal eine kranke Mutter, die hatte Herzweh nach Erdbeeren und schickte deshalb ihre beiden Kinder in das Holz, dass sie ihr welche suchten. Als der Korb voll war – keins hatte aber eine gegessen, so lieb hatten sie die Mutter –, da kam ein altes Mütterchen vorbei, das war ganz grün angezogen und sprach zu ihnen: »Ich bin hungrig und kann mich nicht mehr bücken, so alt bin ich, schenkt mir ein paar Erdbeeren.«*
> *Und sie erbarmten sich der alten Frau und schütteten ihr das Körbchen in den Schoß. Als sie darauf forteilten, um andere zu pflücken, rief das Mütterchen Immergrün sie zurück, nahm sie bei der Hand und sagte: »Nehmt die Erdbeeren nur wieder, ich finde schon noch welche.« Sie dankten und eilten nach Hause. Als die Mutter die ersten Erdbeeren an die Lippen brachte, da war sie gesund. Das hatte Großmütterchen Immergrün getan. Und als die Kinder der Mutter die Geschichte erzählten, da dankte sie der holden Frau und freute sich der Kinder.*[40]

Ich möchte es jeder Leserin und jedem Leser selbst überlassen, sich über diese Mutter ihre Gedanken zu machen und sich dabei eigene Erfahrungen in Erinnerung zu rufen. Es gibt ja viele Gründe und Situationen, die eine Frau und Mutter krank machen bzw. zu Herzeleid führen können. Das Herz wird meist mit Sehnsucht, Liebe und Leidenschaft in Verbindung gebracht. Es steht aber auch für eine Art von Verlangen, das sich auf all das richtet, was einem fehlt, was man bzw. frau immer sein, tun oder leben wollte, weil es dem eigenen Wesen entspricht. Im Denken des Affidamento wird eine solche Sehnsucht als Begehren bezeichnet, als leidenschaftliche Suche nach dem, was meinem Leben Sinn gibt und in mir zur Existenz gelangen will (vgl. Kapitel »Abhängigkeit und Bezogenheit«). Diese Art von Begehren enthält nicht nur einen höchst erotischen, sondern auch einen spirituellen Aspekt: es ist so etwas wie der göttliche Funke, das göttliche Licht, das durch uns in die Welt kommen will. Vielleicht hat die Frau im Märchen so lange nicht auf ihre innere Stimme gehört, bis diese sich durch eine Krankheit Gehör verschaffte und sie Gelegenheit bekam, sich bewusst zu machen, was sie brauchte.

In diese Richtung könnten die roten »Wald-Erd-beeren« weisen. Sie symbolisieren nicht nur Sinnlichkeit, Lebenslust und Hunger nach Leben, sondern auch die kostbaren Gaben und Kräfte der Natur, den Wald und die Erde. Immerhin weiß die kranke Mutter genau, was – vielleicht auch wer – sie gesund machen und ihr wieder auf die Füße helfen kann. Das ist bereits ein erster Schritt zur Heilung und zeigt, dass sie ihr Begehren keineswegs völlig verdrängt und vergessen hat. Es sind offensichtlich auch ihre spirituellen Wurzeln, von denen sie sich abgeschnitten fühlt, die sie nicht mehr tragen und an die sie sich wieder anschließen will.

Diese Wurzeln haben offensichtlich mit der kernigen alten Frau im Wald zu tun, die so ganz verharmlosend, ja verniedlichend als Großmütterchen bezeichnet wird. Die aber verhält sich zunächst gar nicht wie eine liebe, allzeit bereite Omi, sondern mutet den Kindern eine harte Prüfung zu, die die beiden Geschwister jedoch mit Bravour bestehen. Aufgrund ihres Mitgefühls für die scheinbar sehr gebrechliche und hungrige Alte bekommen sie ihre mühsam gesammelte und so großherzig verschenkte Gabe wieder zurück und bringen sie der kranken Mutter. Die wird gesund, noch bevor sie auch nur eine einzige der begehrten Früchte des Waldes gegessen hat, und sie erkennt sofort, dass sie ihre schnelle Genesung der »holden Frau« im Wald zu verdanken hat. Damit kann niemand anderes gemeint sein als Holde, Holla oder Frau Holle. Diese »Große Mutter« sorgt jetzt für die Kranke. Sie ist es, nach deren Gaben sich die Frau gesehnt hat, an die sie sich in ihrer Schwäche und Not erinnert, weil nur sie ihre Lebenskraft erneuern und sie gesund machen kann.

Der Name von Großmütterchen Immergrün verweist denn auch auf die Lebens- und Heilkraft der Natur. Das kleine Immergrün heißt im Lateinischen vinca minor. Vinca leitet sich von vincere ab und bedeutet siegen. Und tatsächlich besiegt diese kleine Pflanze den Winter und die Kälte und symbolisiert die ständig sich erneuernde Lebenskraft. Ihre immergrünen Blätter bedecken den Wald- und Gartenboden selbst in der kalten Jahreszeit. Etwa ab März leuchten ihre Blüten wie himmelblaue Windräder aus dem Grün der Frühlingsvegetation hervor. In einem Kräuterbuch aus dem 16. Jahrhundert wird das Immergrün als Sinnkraut oder Singrün bezeichnet.[41] Dieser Name ist ein deutlicher Hinweis auf das, was uns in unserer Tiefe gesund und heil machen oder unsere Gesundheit wiederherstellen kann.

Im Märchen sind es die Kinder als Symbolisierungen des jungen, neuen Lebens, die der Mutter bringen, was sie braucht. Im wahren Leben müssen wir den Weg zur Quelle unserer Kraft und seelisch-körperlichen Gesundheit meist selber finden und uns entscheiden, ihn zu gehen, auch wenn er anstrengend und voller Hindernisse ist. Wie das Märchen lehrt, ist es in jedem Fall nützlich, zumindest eine Ahnung zu haben, wo bzw. bei wem Hilfe zu finden ist.

In der Märchenversion des 19. Jahrhunderts entspricht die alte Göttin und Erdmutter eher der freundlichen Holda oder den weisen Alten der europäischen Mythologie. Die »Große Mutter des Lebens« wird hier zwar zu einem faltenreichen, scheinbar gebrechlichen »Großmütterchen« gemacht, dennoch ist gerade sie es, die die Lebensenergie von Seele und Körper erneuern kann. Sie verkörpert jene Grünkraft, die die amerikanische Autorin Jean Shinoda Bolen als ein

Kennzeichen vieler älterer Frauen bezeichnet[42] und die schon Hildegard von Bingen als Quelle von Gesundheit und Lebendigkeit gepriesen hat (vgl. Kapitel »Hildegard von Bingen und Teresa von Avila«).

»Der Wunsch, verschont zu bleiben, taugt nicht …«[43]

Persönliche Erfahrungen mit schwerer Krankheit

Kurz vor meinem 66. Geburtstag hat mich – völlig unerwartet und ohne Vorwarnung – eine schwere Erkrankung an den Rand des Todes gebracht, mir kurz nacheinander drei Operationen und vier Wochen Klinikaufenthalt »beschert«, mit allem, was dazugehört an schlimmen, aber auch guten Erfahrungen. Von einem Tag zum andern war aus der starken Frau, die ich bis dahin zu sein glaubte, ein schwaches hilfsbedürftiges Wesen geworden, dem nichts anderes übrigblieb, als sich den Ärzten, unserem Gesundheitssystem und dem Medizinbetrieb einer großen Klinik auszuliefern. Meine damalige Befindlichkeit fand ich später in einem Gedicht von Hilde Domin sehr treffend ausgedrückt, das mir eine Bekannte zukommen ließ, die wohl ahnte, wie dringend ich dieser Worte bedurfte:

Wir werden eingetaucht
Und mit den Wassern der Sintflut gewaschen,
Wir werden durchnässt bis auf die Herzhaut.
Der Wunsch nach der Landschaft diesseits der Tränengrenze
taugt nicht,
der Wunsch, den Blütenfrühling zu halten,
der Wunsch, verschont zu bleiben, taugt nicht.[44]

Mir ist während meiner langen Krankheitsphase kaum etwas erspart geblieben. Trotz massiver Beschwerden dauerte es fast zwei Wochen, bis die Diagnose feststand und ich operiert wurde. Mit dem ersten Eingriff war es jedoch nicht getan; es gab immer wieder

Komplikationen und neue Probleme. Drei Vollnarkosen kurz nacheinander machten mir schwer zu schaffen, wegen der vielen Antibiotika konnte ich kaum etwas essen. Ich verlor enorm an Gewicht und fing zu allem Überfluss auch noch infektiöse Keime ein. Außerdem bekam ich an Leib und Seele zu spüren, welch fatale Auswirkungen der Personalmangel, die zunehmende Ökonomisierung unserer Kliniken und die seit 2004 geltende Fallpauschalen-Regelung haben. Nicht nur Zeitmangel, Stress und Überbelastung der Pflegekräfte und ÄrztInnen, auch die daraus resultierende Unaufmerksamkeit und nachlässige Versorgung trafen mich ebenso wie andere PatientInnen, selbst auf der Intensivstation. Der subtile Druck, möglichst schnell wieder zu funktionieren und die Klinik zu verlassen, war deutlich spürbar. Je länger mein Klinikaufenthalt dauerte, desto mehr bekam ich das Gefühl, ein Störfaktor zu sein, der sich einfach nicht an den vorgesehenen Heilungsverlauf hielt. Zum Glück gab es in jeder Schicht Schwestern, die sich trotz ihres Zeitdrucks sehr um mich bemühten. Wie besorgniserregend mein Zustand zeitweise war, sagte mir jedoch niemand. Ich spürte es trotzdem und bekam in den Nächten Ängste und Panikzustände, jedoch kaum Hilfe oder auch nur ein paar gute Worte. Ich musste lernen, dass mein Wunsch, verschont zu werden, nicht taugte, sowenig wie es mir half, wenn man mir sagte: Das wird schon wieder! Sie schaffen das schon. Du bist doch eine starke Frau!

Als das Schlimmste überstanden war und ich nach längeren Auseinandersetzungen mit meiner Krankenkasse in eine Rehaklinik gebracht wurde, fand ich endlich die im Krankenhaus so sehr vermisste Ruhe und viel Zeit zum Nachdenken und auch wieder zum Schreiben. Ich wusste, dass eine völlige Wiederherstellung meiner Gesundheit mindestens ein Jahr dauern würde, schon allein wegen meines Alters. Deshalb war ich entschlossen, alles zu tun, um meine Selbstheilungskräfte zu stärken und die belastenden Erfahrungen in der Klinik zu verarbeiten. Ich fing an, mich zu fragen: »Was taugt denn in einer solchen Situation? Was brauche ich, um wieder zu Kräften zu kommen? Was kann den Genesungsprozess meines kranken Körpers und der versehrten Seele unterstützen? Wie werde ich wieder heil?«

Mir war schnell klar geworden, dass es mich nicht weiterbringen würde zu fragen: »Warum bin ich krank geworden? Was habe ich falsch gemacht und versäumt?« Ich wollte jedoch verstehen, was mir geschehen war und wozu.

Aufgrund persönlicher und beruflicher Erfahrungen war mir bewusst, dass eine Krankheit mehr ist als die Folge bestimmter, klar zu definierender Ursachen. Wenn jemand krank wird, sind meist Leib, Seele und Geist beteiligt; auch äußere Komponenten wie Lebensverhältnisse, Arbeits- und Umweltbedingungen oder gesellschaftliche Entwicklungen spielen eine Rolle. Es ist zu einfach, kranken Menschen zu vermitteln, sie müssten nur »richtig« denken, »richtig« leben, sich »richtig« ernähren, »richtig« entspannen und »richtig« Sport treiben. Dieses einseitige Ursache-Wirkung-Denken birgt immer die Gefahr, Menschen mit Schuldgefühlen zu belasten und ihnen die alleinige Verantwortung für ihre gesundheitlichen Probleme in die Schuhe zu schieben. Außerdem stellt sich die Frage, wer denn wirklich sagen kann, was richtig ist, und welche Interessen diejenigen verfolgen, die es so genau zu wissen meinen.

Krankheit als Auslöser von Reifungsprozessen

Die Schweizer Autorin Ursula Walser-Biffiger, die wie ich Menschen in krisenhaften Lebenssituationen und Wandlungsprozessen begleitet und eigene Erfahrungen mit einer schweren Erkrankung gemacht hat, schreibt in ihrem Buch »Heilrituale in der Natur«: »Eine Lebenskrise, eine Krankheit des Körpers oder der Schmerz der Seele sind nicht Zeichen dafür, dass wir etwas falsch gemacht haben. Sie sind keine Bestrafung und nicht ein Defekt, den es zu reparieren gilt. Ein Leiden dieser Art will nicht bloß ausgemerzt oder verdrängt werden. Heilung bedeutet auch nicht, etwas ›in den Griff‹ zu bekommen.« »Krisen, Krankheit und Leiden können oft als ein natürlicher Versuch unseres Körpers und unserer Seele erkannt werden, um das aus der Balance geratene Gleichgewicht unseres Lebens wiederherzustellen. So gesehen beginnt mit der eigentlichen Krankheit die Heilung. Leider ist das in Vergessenheit geraten. Bei Kindern können wir es gut beobachten. Nach einer durchgemachten Krankheit sind sie reifer und stärker geworden. So können Gesundheitskrisen auch im späteren Leben Bewusstseinsschritte und Reifeprozesse auslösen, die wir würdigen und erforschen können.«[45]

Diese Aussagen haben mich sehr angesprochen und in meiner eigenen Auseinandersetzung mit Krankheit und Gesundheit bestätigt und gestärkt. Ähnlich wie die Autorin habe ich in meinem Leben immer wieder die Erfahrung gemacht, dass Krisen, welcher Art auch immer, uns verwandeln und erneuern, wenn wir sie als Herausforderung zu innerem Wachstum begreifen und annehmen, so schmerzlich das auch meistens ist. Ähnlich wie im Blick auf das Älterwerden und seine Beschwerden, kommt es bei gesundheitlichen Problemen wesentlich darauf an, welche Fragen wir uns stellen, welche Vorstellungen bzw. Einstellungen wir haben und welche Gedanken wir uns über das Kranksein machen. Auch hier hat das oben zitierte Gedicht von Hilde Domin mir weitergeholfen und mich zu den entscheidenden Fragen geführt:

Was taugt, um gesund zu werden und zu bleiben?

Was brauche ich? Was fehlt mir? Wonach sehne ich mich?

Was will in meinem Leben (mehr) Aufmerksamkeit und Beachtung bekommen?

Höre ich auf meine innere Stimme, folge ich meinem Begehren?

Was will in mir zur Existenz gelangen und gelebt werden?

Wie schon angedeutet, weisen Krankheiten uns nicht selten auf eine notwendige Veränderung, eine längst fällige Kurskorrektur hin. Sie können uns einladen – manchmal auch zwingen – innezuhalten, wesentliche Fragen zu klären, andere Prioritäten zu setzen als bisher und unser Leben neu auszurichten. Insbesondere fordern sie uns auf, unserem Begehren auf die Spur zu kommen und es ernst zu nehmen, und damit dem Beispiel der kranken Frau in dem Märchen von »Großmütterchen Immergrün« zu folgen (vgl. Kapitel »Die schwarze Alte in Märchen und Mythen«). Je älter wir werden, umso dringlicher sollten wir uns fragen, ob wir wirklich das sind und tun, was uns aufgegeben ist, was nur durch uns in die Welt kommen kann und will. Je rätselhafter uns eine Krankheit erscheint, desto mehr sollten wir auf die leise Stimme in unserem Inneren hören, statt allein auf Diagnosen, Therapiekonzepte und Medikamente zu setzen. Manche Philosophinnen des Affidamento geben dem Begehren eine spirituelle Bedeutung und verstehen unser innerstes Verlangen als einen göttlichen Funken, der unsere Lebensenergie immer wieder neu entzündet und unser inneres Feuer zum Lodern bringt (vgl. Kapitel »Die schwarze Alte in Märchen und Mythen«). Wenn wir diese starke Wandlungsenergie nicht wahrhaben wollen oder glauben, wir seien zu alt oder zu müde, um sie zu leben, versucht sie vielleicht, durch eine Krankheit Beachtung zu bekommen. Mir fällt in den letzten Jahren auf, dass viele ältere Frauen in der kritischen Übergangsphase vor oder nach Renteneintritt schwer erkranken, über zunehmende gesundheitliche Beschwerden klagen, depressive Verstimmungen oder diffuse Ängste haben, nicht zuletzt im Blick auf das Altwerden. Häufig stellt sich heraus, dass sie bereits in den Jahren davor mit ihrer Lebenssituation nicht wirklich zufrieden waren, weder privat noch beruflich. Ein Indiz dafür ist die hohe Zahl von Trennungen und Scheidungen älterer Ehepaare im Rentenalter, die meist auf die Initiative der Frauen zurückgehen. Ohne einseitige Ursachenforschung zu betreiben, sollten diese Entwicklungen in ihrer ganzen Vielschichtigkeit betrachtet und ernster genommen werden, nicht nur in Gesellschaft und Politik, sondern von jeder einzelnen Frau.

Auch starke Frauen dürfen schwach sein

Diese wichtige Einsicht habe ich neben manch anderen durch meine Erkrankung gewonnen. Dass auch starke Frauen sich erlauben dürfen schwach zu sein, mag selbstverständlich und banal klingen. Wie oft hatte ich diesen Satz in der Beratungsarbeit oder im Freundinnenkreis schon anderen Frauen gesagt! Aber theoretische Erkenntnisse bekommen oft erst aufgrund persönlicher Betroffenheit eine existenzielle Bedeutung und bleiben, wenn es um die Umsetzung in die Praxis geht, trotzdem eine große Herausforderung. Ich jedenfalls habe mehrfach erlebt, dass Frauen auf meine schwere Erkrankung sehr überrascht und erstaunt, manchmal auch entsetzt, reagierten: »Was, du? Du bist doch eine starke Frau! Wie kann dir das passieren?«

Luisa Francia beschreibt in ihrem Buch »Kubabas Granatapfel« ähnliche Erfahrungen und fragt: »Dürfen starke Frauen keine tödlichen Krankheiten haben? Sterben starke Menschen nicht? Ist es ein Zeichen von Schwäche, krank zu werden und zu sterben?«[46] Damit spricht sie existenzielle Themen an, die auch mich bewegt haben und es immer noch tun.

Obwohl ich mich seit vielen Jahren mit dem Sterben auseinandersetze und dazu ein Buch geschrieben habe, war mir während meiner Krankheit nicht bewusst, wie nahe ich damals dem Tod war. Ich wollte es wahrscheinlich auch gar nicht wissen. Das Gefühl des totalen Ausgeliefertseins und der absoluten Hilflosigkeit, der körperlichen Schwäche und der geistig-seelischen Erschöpfung haben mir schwer zugesetzt. Es fiel mir alles andere als leicht, so angewiesen, abhängig und hilfsbedürftig, so voller Ängste und Panik zu sein, wie ich es wochenlang immer wieder war. Als ich mir endlich die Erlaubnis dazu geben konnte, war dies eine wichtige Erfahrung und große Entlastung, sicher auch für meine Umgebung.

Wie ich aus meiner jahrzehntelangen beruflichen Tätigkeit weiß, war ich damit nicht allein. Vielen Frauen geht es so, dass sie lieber anderen helfen, als sich helfen zu lassen, lieber selbst etwas in die Hand nehmen, als sich in die Hände anderer zu begeben, eher etwas von sich selbst fordern als von anderen. Die aktuellen Diskussionen um organisierte Sterbehilfe zeigen sehr deutlich, dass Autonomie und Selbstbestimmung zu den höchsten Werten unserer Gesellschaft gehören, auch im Blick auf Alter und Sterben. Viele Studien zeigen, dass der Wunsch, vor Krankheit, Abhängigkeit, Hilfsbedürftigkeit, Pflegebedürftigkeit verschont zu bleiben, bei Frauen wie bei Männern an erster Stelle der Prioritätenliste steht.

Ich wurde nicht verschont. Und das war gut so, denn ich habe auf diese Weise neben den schlimmen auch viele positive und ermutigende Erfahrungen gemacht, mehr als ich mir jemals hätte vorstellen können. Nie wäre ich zum Beispiel auf die Idee gekommen, dass schon am zweiten Tag nach meiner Einlieferung in die Klinik zwei meiner Freundinnen und meine Schwester miteinander telefonierten, um ihre Besuche bei mir zu koordinieren und alles in die Hand zu nehmen, was aufgrund meiner Erkrankung schnell erledigt werden musste. Meine drei »Nothelferinnen« haben dann nicht nur unerlässliche Organisationsarbeiten für mich übernommen, sondern sich mehr als zwei Monate lang liebevoll und zuverlässig um mich gekümmert. Trotz langer Anfahrtswege besuchten sie mich alle paar Tage und saßen vor und nach jeder Operation an meinem Bett. Sie haben mir zugehört, wenn ich wieder und wieder von dem reden musste, was mich umtrieb und ängstigte. Sie redeten mit Ärzten und dem Pflegepersonal und begleiteten mich bei meinen ersten Gehversuchen auf dem Flur. Sie und manch andere Freundinnen unterstützten mich, als ich nach Hause entlassen wurde, obwohl ich noch viel zu schwach war, um ohne Hilfe die wenigen Treppen zu meiner Wohnung zu bewältigen. Sie haben für mich eingekauft, meine Wäsche gewaschen, für mich gekocht, meine Koffer ein- und ausgepackt, als ich endlich eine Reha bewilligt bekam. Andere Frauen, insbesondere aus meinen Tanz- und Ritualgruppen, haben mir Briefe geschrieben und mich mit guten Gedanken, Wünschen und Gebeten unterstützt. Das alles hat mich sehr gestärkt und getröstet und ich habe dabei nicht zum ersten Mal erlebt, wie hilfreich solche mentalen und spirituellen Zuwendungen sind.

Ich erzähle dies so ausführlich, weil die Bedeutung dessen, was Angehörige, Freundinnen und Freunde, Nachbarschaft, auch berufliche Kontaktpersonen zur Genesung eines kranken Menschen beitragen, nicht hoch genug eingeschätzt werden kann. Diese Unterstützung in all den kleinen Dingen des Alltags wird jedoch leicht übersehen oder im Blick auf den Genesungsprozess zu wenig beachtet. Für mich war und ist sie ein Grund zu großer Dankbarkeit all den Frauen und auch einigen Männern gegenüber, die mich in dieser schwierigen Zeit begleitet, mir Zeit geschenkt und Kraft gegeben haben.

Versehrt und dennoch heil sein

Ich komme noch einmal auf das Gedicht von Hilde Domin zurück, das sie geschrieben hat, als sie nach 20-jährigem Exil nach Europa zurückkehren konnte. Weil sie und ihr Mann jüdischer Herkunft waren, hatten sie Deutschland schon vor dem 2. Weltkrieg verlassen und zunächst in Italien und England Zuflucht gefunden. Schließlich mussten sie auch von dort fliehen. Nach längerer Suche ließ das Ehepaar sich in der Dominikanischen Republik nieder, weil kein anderes Land sie aufnahm. In der Zeit des Exils war Hilde Domin – damals noch Hilde Palm – häufig einsam, verzweifelt und krank. Sie fühlte sich nicht nur aus der Heimat vertrieben, sondern auch von ihrem Mann verlassen und fing schließlich zu schreiben an. Das war ihre Rettung, wie sie später immer wieder betonte. Ihre Muttersprache wurde ihr zur Heimat und ließ in ihr jenes »Dennoch« aufblühen und wachsen, das ihr ermöglichte, trotz allem auf das Leben zu vertrauen und die Hoffnungszeichen am Wegrand zu erkennen. Sie formuliert es so:

Es taugt die Bitte,
dass bei Sonnenaufgang
die Taube den Zweig vom Ölbaum bringe,
dass die Frucht so bunt wie die Blüte sei,
dass noch die Blätter der Rose
am Boden eine leuchtende Krone bilden.

Und dass wir aus der Flut,
dass wir aus der Löwengrube
und dem feurigen Ofen
immer versehrter und heiler
stets von neuem
zu uns selbst entlassen werden.

Hilde Domin bringt hier eine der wesentlichen Erfahrungen ihrer schweren Exilsjahre zum Ausdruck: Versehrtsein und Heilsein sind für sie keine Gegensätze mehr. Sie gehören untrennbar zusammen, so wie Stark- und Schwachsein. Letztlich, so eine weitere Erkenntnis, die sie in dem Gedicht mitteilt, konfrontieren die Erfahrungen von Krankheit, Schwäche, Leid und Schmerz uns immer mit uns selber. Sie ermöglichen uns einen neuen, anderen Blick auf uns selbst, eine andere Sichtweise auf uns und unser Leben. Eine andere Einstellung zu dem, was uns widerfährt. Vielleicht sogar ein Ja statt ein Nein.

Ein großer Teil der Lyrik von Hilde Domin bringt ihre ganz individuelle Lebenserfahrung zum Ausdruck. Dass ihre Leserinnen und Leser sich ihre Gedichte aneignen und sich mit den darin beschriebenen Gefühlen, Hoffnungen und Gedanken identifizieren, so wie ich es tue, war der Dichterin nach ihren eigenen Worten sehr wichtig.[47] Ihr »Dennoch« hat auch mich stark angesprochen und inspiriert, trotz allem was ich an Beschwerlichem und Schwierigem erlebt hatte, meinen Blick auf die Zeichen und Botschaften auszurichten, die es mir ermöglichten, ein tieferes Verständnis dessen, was mit mir geschehen war, zu gewinnen. Mit ihrer Hilfe ist es mir gelungen, meine Erkrankung nicht als einen »Störfall« zu betrachten, sondern als Übergang in eine andere Lebensphase zu verstehen, nämlich in die Zeit der Reife und des Alters.

Mit der Krankheit begann für mich eine andere Zeitrechnung: ein Davor und Danach. Ich bin eine andere geworden, als ich vorher war, auch wenn es äußerlich vielleicht nicht zu sehen ist: Ich fühle mich seitdem versehrt und heil zugleich, stark und schwach, »verwundet und doch aufgehoben«, wie der Schweizer Autor und Mystiker Pierre Stutz eines seiner Bücher betitelt hat.[48] Ich bin älter geworden, nicht nur an Jahren. Die lange, schwere und rätselhafte Krankheit hat meinen Alterungsprozess erheblich beschleunigt und verstärkt. Manche der Beschwerden, die mir geblieben sind, wie zum Beispiel Gedächtnisprobleme oder ein deutliches Nachlassen der Spannkraft, sind zwar, wie mir gesagt wurde, mögliche Folgen der Krankheit, aber sie sind auch deutliche Zeichen des Alterns. Ich habe seitdem das Gefühl, auf der Schwelle zu leben, im Übergang, in einem Zwischenraum. Immer häufiger stelle ich erstaunt fest, dass keineswegs nur Abschied, Loslassen und Trauer mit diesem »Ort« verbunden sind, sondern – wie das nachfolgende Gedicht sagt – sich auch neue Räume und Perspektiven eröffnen.

Übergang[49]

Hinübergehen – die Schwelle überschreiten
die Geborgenheit des Alten verlassen
Eine Alte werden – Alt sein

Übergang – Hinübergehen
Aufbrechen in neue Räume
Ins Ungewisse?
Weiß ich, was mich mit dem Übertreten der Schwelle erwartet?
Habe ich eine Ahnung davon?

Übergang – Hinübergehen
Eine Situation verlassen – In eine andere gehen
Das Vergangene hinter mir zurücklassen
Eine neue Identität entwickeln

Die Schwelle – Ein Zwischenraum
Der mir das Vergangene
Und das Zukünftige vergegenwärtigt
Die Schwelle – Ein Kraftort – ein Schutzort

Übergang – Hinübergehen
Den Schritt wagen
Mich auf der Spirale meines Lebens weiterbewegen

Ein alternatives Verständnis von Krankheit und Gesundheit

»Hauptsache gesund«, so lautet nicht nur der Titel mancher Fernsehsendung, sondern auch die Antwort, die viele Menschen geben, wenn sie zum Beispiel anlässlich eines Geburtstags nach ihren Wünschen für die Zukunft befragt werden. Eine im März 2015 veröffentlichte Studie des Bundesministeriums für Umwelt und Naturschutz bestätigt diese Aussage und belegt, dass eine gute Gesundheit für die deutsche Bevölkerung oberste Priorität hat und mit 58 % an der Spitze jener Faktoren steht, die ein gutes Leben ausmachen.[50]

Was aber verstehen wir eigentlich unter Gesundheit? Wann fühle ich mich gesund? Wann bin ich krank? Ist das immer eindeutig zu erkennen? Und wer hat die Definitionsmacht über diese Begriffe? Gehören sie nicht viel enger zusammen, als uns bewusst ist und vorgemacht wird? Sind wir nicht immer gleichzeitig gesund und krank?

Untersuchungen zur Zufriedenheit im Alter haben nachgewiesen, dass die innere Einstellung dafür von größter Bedeutung ist (vgl. Kapitel »Doing Aging«). »Nicht die Höhe des Einkommens war ausschlaggebend, sondern die Frage, ob jemand die Höhe des eigenen Einkommens als zufriedenstellend betrachtete.« »Objektive Verbesserungen der Rahmenbedingungen, zum Beispiel bei der Gesundheitsversorgung, der Rente oder der Wohnsituation können nur dann positive Auswirkungen auf die erlebte Lebensqualität haben, wenn sie von den Betroffenen auch als Verbesserungen erlebt und bewertet werden«, das konstatiert die Politologin Antje Schrupp in ihrem aufschlussreichen Buch »Methusalems Mütter«. »Anders gesagt: Es gibt kaum einen direkten Zusammenhang zwischen der Lebenszufriedenheit und äußeren Faktoren.« »Nicht das Alter als solches macht die Menschen unzufrieden, sondern die innere Einstellung zum Leben.«[51]

Ähnliches gilt – wenn auch etwas abgeschwächter – für das Verhältnis zu Krankheit und Gesundheit. Dass sich viele kranke Menschen keineswegs unzufriedener fühlen als gesunde, hat ebenfalls mit der starken Bedeutung der subjektiven Lebenshaltung zu tun. Dies bleibt bei den gegenwärtigen Diskussionen über die Lebensqualität im Alter häufig unberücksichtigt. Deshalb ist es so wichtig, wie Menschen sich selbst und ihr Älterwerden wahrnehmen und reflektieren – ein Feld, auf dem deutlich mehr Frauen als Männer aktiv sind, bemerkt Antje Schrupp in »Methusalems Mütter«.

Antje Schrupps Thesen werden von vielen Frauen bestätigt. So schreibt Luisa Francia in ihrem Buch »Kubabas Granatapfel«: »Nicht alle Schmerzen und Qualen können wir heilen. Manchmal ist es wichtig, die Verletzungen wahrzunehmen und zu wissen, dass sie Teil der Persönlichkeit, Teil des Lebens geworden sind.«[52] Einsichten wie diese haben einen starken Einfluss auf Alterungs- und Heilungsprozesse. Denn: »Unser Wohlbefinden hängt in großem Maße auch mit unserer Sichtweise zusammen«, so Ursula Walser-Biffiger.[53]

Auch die US-amerikanische Literaturwissenschaftlerin und Autorin Siri Hustvedt hat ähnliche Erfahrungen gemacht. In ihrem Buch »Die zitternde Frau« beschreibt sie ihre langwierige Suche nach Erklärungen und Behandlungsmöglichkeiten für ihre äußerst schmerzhaften Migränezustände und andere, medizinisch scheinbar unerklärliche gesundheitliche Beschwerden wie starke Krampfanfälle. Nach intensiver Ursachenforschung, die sie auch auf die Felder der Neurobiologie und Neuropsychiatrie führte, kam sie schließlich zu dem Schluss, dass man mit gesundheitlichen Schwierigkeiten am besten leben kann, wenn man ihnen Sinn verleiht. Im Blick auf ihre Migräne, an der sie seit Kindheit litt, schreibt sie: »Ich wehre mich nicht mehr gegen die Migräne. Ich nehme sie an, und indem ich das tue, bin ich auf seltsame Weise auch fähig, weniger Schmerzen zu empfinden.« »Ich leide weniger, weil meine Wahrnehmung der Schmerzen, die ich fühle, und die Bedeutung, die ich ihnen verleihe, sich geändert haben.« »Meine Gedanken haben entscheidend zur Linderung meiner Schmerzen beigetragen. Das Denken kann die biologischen Vorgänge im Körper verändern, das zeigen auch Placeboforschungen.«[54]

In einem ihrer Essaybände beschreibt Hustvedt, dass eine entscheidende Veränderung eintrat, als sie aufhörte, ihre Krankheit als »Feind« zu betrachten und zu bekämpfen. »Ich war nicht geheilt, es ging mir nicht immer gut, aber besser.« »Unsere Gedanken und Einstellungen, sogar unsere Metaphern bewirken physiologische Veränderungen in uns, was im Falle von Kopfschmerzen den Unterschied zwischen Leiden und Zurechtkommen bedeuten kann.« »Bei einer lebensbedrohlichen Krankheit kann einen die eigene Einstellung – egal ob kämpferisch oder buddhistisch – nicht am Leben erhalten. Sie kann aber erheblich dazu beitragen, wie man die Schmerzen und die Krankheit erlebt und vor allem wie man stirbt. Aber bei meinen Migränen, die weiterhin kommen und das zweifellos immer tun werden, habe ich herausgefunden, dass Kapitulation dem Kämpfen vorzuziehen ist. Meine Meditationen haben keine magische Wirkung, aber sie halten den schlimmsten Schmerz und den Brechreiz in Schach. Ich heiße meine Kopfschmerzen nicht willkommen, aber ich betrachte sie nicht als etwas Fremdes. Womöglich dienen sie sogar einer notwendigen regulierenden Funktion, indem sie mich zwingen kurzzutreten, eine Art Buße, wenn Sie so wollen, für die anderen hochfliegenden Tage.«[55]

Die Einstellung, die Frauen wie Siri Hustvedt, Ursula Walser-Biffiger und Luisa Francia aufgrund eigener Erfahrungen und durch reflektierende Beobachtung und Betrachtung gewonnen haben, entspricht in mancher Hinsicht dem Konzept der Salutogenese, die danach fragt, wie Gesundheit entsteht. Salus bedeutet Gesundheit, Heil, Glück. Genesis meint so viel wie Entwicklung. Im Unterschied dazu beschäftigt sich die Pathogenese vorrangig mit der Entstehung und den Ursachen von Beschwerden und Krankheiten. Die salutogenetische Sichtweise versteht Gesundheit nicht als Zustand, sondern als einen dynamischen Prozess. Sie geht davon aus, dass im Lebensprozess immer beides vorhanden ist: sowohl Krankheit wie auch Gesundheit, und dass ein Mensch sowohl gesund wie auch krank sein kann. Angestrebt wird nicht eine Vermeidung oder Bekämpfung von Beschwerden, vielmehr fragt dieses Konzept nach der subjektiven Bedeutung und Bewertung einer Erkrankung im individuellen Lebenskontext. Die eigene Selbstheilungsfähigkeit, persönliche Vorstellungen und Quellen von Wohlbefinden, Lebensqualität und Gesundheit spielen ebenso eine Rolle wie soziale Kontakte und Bedingungen, damit eine gesunde Entwicklung oder Genesung möglich wird. Das Gefühl von Zugehörigkeit, Verbundenheit, Zuversicht und Vertrauen beinhaltet die Fähigkeit, in allen Geschehnissen des Lebens einen Sinn zu erkennen und sie auch leichter akzeptieren zu können. Es führt zu einer tiefen inneren Zufriedenheit mit sich selbst und anderen.[56]

Die beschriebene Haltung ist eng verwandt mit dem heute viel verwendeten Begriff der Resilienz, die es Menschen aufgrund ihrer persönlichen Ressourcen erleichtert, mit schwierigen Situationen, Krisen, Konflikten, Leid und Krankheit umzugehen. Diese seelische Widerstandskraft ermöglicht es, dem, was uns widerfährt und krank macht, eine Bedeutung zu geben und Sinnhaftigkeit zu verleihen.

Hildegard von Bingen und Teresa von Avila – Ihr Umgang mit Krankheit und Älterwerden

Leben und Werk der großen Äbtissinnen Hildegard von Bingen und Teresa von Avila wurden in zahlreichen Büchern gewürdigt. Deshalb will ich hier nicht ihre Vita in den Vordergrund stellen, sondern eine weniger bekannte Seite dieser starken Frauen, die zeit ihres Lebens von Krankheiten heimgesucht wurden und dennoch bis in ihre späten Jahre voller Tatkraft geblieben sind. Beide fingen erst im fortgeschrittenen Alter an, ihrer inneren Stimme zu folgen und ihre Berufung zu leben. Sie haben sich mit ihren gesundheitlichen Problemen ebenso auseinandergesetzt wie mit den Beschwerden des Älterwerdens. Hildegards ganzheitliches Verständnis von Krankheit, Gesundheit und Heilung verdient bis heute Aufmerksamkeit, ebenso Teresas Suche nach einer Balance zwischen Kontemplation und Aktion, Stillwerden und Aktivsein.

Hildegard von Bingen (1098–1179)

Eine der Benediktinerinnen aus dem Kloster St. Hildegard in Eibingen bei Rüdesheim beschreibt ihre große Mitschwester in einem Gedicht so:

DU – Hildegard
DU schwach und stark
In IHM
Der dich ergriff.[57]

Gesundheit und Krankheit im Leben der heilkundigen Äbtissin

Hildegard war nach eigenen Aussagen vom Tag ihrer Geburt an durch Krankheiten wie in einem Netz verstrickt und wurde von dauernden Schmerzen gequält. Schon mit 14 Jahren kam sie ins Kloster und lebte fast 40 Jahre lang – also etwa die Hälfte ihres Lebens – zuerst als einfache Nonne, dann als »Magistra« (Leiterin) einer religiösen Gemeinschaft von Mädchen und Frauen auf dem Disibodenberg bei Bad Kreuznach. Wie damals üblich, unterstand der Frauenkonvent einem großen Männerkloster und wurde von dort geistlich betreut. Die Phase ihres Lebens, die Hildegard berühmt gemacht hat, begann erst in einem Alter, in dem andere Frauen ihrer Zeit längst Großmütter oder Urgroßmütter waren oder auf dem Friedhof lagen. Mit 53 Jahren erhielt sie in einer Vision den Auftrag: »Schreibe, was du siehst und hörst.« Hildegard zögerte und weigerte sich zunächst. Sie wusste, dass die römische Kirche Frauen nicht erlaubte, theologische Werke zu verfassen und göttliche Offenbarungen zu verkünden. »Dann aber« – so schreibt sie in ihrer Vita – »wurde ich in derselben Schau durch einen großen Ansturm von Schmerzen gezwungen, offen darzulegen, was ich gesehen und gehört hatte.«[58]

Erst als sie erkennt und akzeptiert, dass die Krankheit ein Zeichen Gottes ist, folgt sie der Aufforderung und beginnt, ihr erstes Visionsbuch »Scivias« (Wisse die Wege) zu schreiben. Fast gleichzeitig erhält sie in einer Vision den Auftrag, auf dem Rupertsberg in Bingen ein eigenes Kloster zu gründen. Wieder zögert sie zunächst und bekommt daraufhin so starke Schmerzen, dass ihre Mitschwestern sie selbst mit aller Kraft nicht aus dem Bett heben können.

Ähnliche Berichte ziehen sich von jetzt an bis ins hohe Alter wie ein roter Faden durch ihre autobiografischen Aufzeichnungen und Werke. Immer wieder plagen sie Ängste und Zweifel an ihrer Berufung. Rätselhafte und heftige Beschwerden treten weiterhin vor allem dann auf, wenn sie sich der Stimme in ihrem Inneren widersetzt oder sie ignoriert. Sie kann sich dann nicht mehr bewegen, bekommt Atemnot und Lähmungserscheinungen.

Mit 65 Jahren steht die alternde Hildegard auf dem Höhepunkt ihres Wirkens und ihrer Bekanntheit. Manchmal jedoch sieht es so aus, als sei sie am Ende ihres Lebens und ihrer Schaffenskraft angekommen. Sie schreibt: »... ich fiel auf das Krankenbett nieder und konnte mich aufgrund der Schwere dieser Krankheit ganz und gar nicht erheben (...). Nach einem halben Jahr hatte dieses Wehen meinen Körper so sehr durchdrungen, dass ich heftig mit dem Tode rang (...). So bin ich ein ganzes Jahr lang heimgesucht worden.«[59]

Krankheit, Prophetie und Schamanismus

Hildegard, die sich selbst als Seherin verstand, wusste ganz genau, dass schwere Krankheiten in der Hebräischen Bibel, dem sogenannten Alten Testament, als Kennzeichen einer prophetischen Gabe und Berufung galten. Viele ProphetInnen des Judentums wurden von Krankheiten heimgesucht und haben sich zuerst heftig gewehrt, den Auftrag ihres Gottes anzunehmen. In ähnlicher Weise mussten SchamanInnen qualvolle Erkrankungen, unerträgliche Schmerzen, Einsamkeit, innere Widerstände und sogar Nahtod-Erfahrungen durchleiden, bevor sie ihre Berufung akzeptierten und durch Träume oder Visionen in ihre Aufgabe initiiert wurden.

Die koreanische Tanzschamanin Hi-ah Park, die in den USA lebt und arbeitet, spricht deshalb von sich als einer »verwundeten Heilerin«. Schamanismus ist ihrer Erfahrung nach immer verbunden mit Schwächezuständen, schweren Krisen und der Konfrontation mit den dunklen Aspekten des Lebens sowie den eigenen Grenzen und Schattenseiten. Erst wenn er diesen Weg gegangen ist, wird ein schamanisch begabter Mensch befähigt und autorisiert, sich selbst und andere zu heilen. Auf diesem Hintergrund hält Hi-ah Park auch Jesus für einen Schamanen und die Mystik für eine der Stufen zum Schamanismus.[60]

Die Mythenforscherin Vera Zingsem ist der Überzeugung, dass Krankheit und Versehrtsein auch bei den GermanInnen als spirituelles Merkmal galt. So war Odin, der germanische Göttervater und Schirmherr der Heilkunst, auf einem Auge blind und konnte erst durch diese Behinderung die Gabe der Innenschau und der Magie erlangen. Der nordischen Edda zufolge hing er neun Tage lang kopfüber und fastend in einem Baum und empfing so Wissen und Weisheit in Form der Runen.[61]

Ob Hildegard ihre Krankheiten bewusst oder unbewusst eingesetzt hat, um ihr prophetisches Wirken in der Öffentlichkeit zu rechtfertigen, wissen wir nicht, denkbar wäre es. Aus heutiger Sicht könnten Hildegards häufige Krankheiten jedoch auch als eine Art Selbstschutz oder Selbstverteidigung verstanden werden. Andere berühmte Ordensfrauen und Mystikerinnen mussten sich ebenfalls gewisser »Strategien« bedienen, um ein Leben und Wirken zu legitimieren, das in ihrer Zeit für eine Frau nicht vorgesehen oder sogar unzulässig war.

Hildegards Schwächezustände, die mit ihren Krankheiten einhergingen, waren vielleicht sogar eine notwendige Voraussetzung ihres Wirkens als Äbtissin und Beraterin geistlicher Männer und Frauen sowie als Autorin theologischer, natur- und heilkundlicher Bücher. Sie machten sie empfänglich und durchlässig für jene Kräfte und Seinszustände, die Inspirationen, Visionen, Auditionen und tiefe Erkenntnisprozesse hervorrufen. Krankheitsbedingte Zeiten des Rückzugs, der Besinnung, des Angewiesenseins auf die Hilfe anderer, waren für Hildegard und andere Mystikerinnen wohl immer mit tiefer Selbstwahrnehmung und Gottesbegegnung verbunden.

Weibliches Begehren und Gesundheit

Hildegard von Bingen starb 1179, mit 81 Jahren. Sie ist für die damalige Zeit sehr alt geworden. Selbst Konflikte mit ihren kirchlichen Oberen und die schweren Strafen, die der Papst wegen ihres Ungehorsams über sie und ihr Kloster verhängte, hinderten sie nicht, unbeugsam sich selbst, ihren Überzeugungen und ihrer Berufung treu zu bleiben. Ihre anhaltenden gesundheitlichen Probleme interpretierte sie noch im hohen Alter als göttliche Wegweiser und gab ihnen auf diese Weise Sinn und Bedeutung. Das zeigt sich nicht zuletzt an ihrer

Aussage: »Wir müssen auf unsere Seele hören, wenn wir gesund bleiben wollen.«[62]

Meiner Auffassung nach hat Hildegard verwirklicht und gelebt, was im Affidamento mit dem Begriff des Begehrens gemeint ist (vgl. das Kapitel »Abhängigkeit und Bezogenheit«). Weibliches Begehren richtet sich auf das, was eine Frau in der Welt zur Existenz bringen will, was ihrem Leben Sinn und Bedeutung verleiht, was ihrer Bestimmung entspricht. Dieses intensive Verlangen hat einen starken Bezug zur Transzendenz, zum Göttlichen. Es gleicht, wie Chiara Zamboni von der Philosophinnengruppe Diotima in Verona sagt, einem göttlichen Funken in uns. Wenn wir diesen Funken bejahen und ernst nehmen, gibt er unserem Leben eine Richtung und bringt uns ständig neu in Bewegung.[63]

Diese spirituelle Dimension scheint mir im Blick auf unsere Gesundheit von wesentlicher Bedeutung zu sein. So wie andere Krisen wollen uns auch gesundheitliche Probleme manchmal auf unser Begehren aufmerksam machen (vgl. das Märchen von Großmütterchen Immergrün im Kapitel »Die schwarze Alte in Sagen, Märchen und Mythen«). Gerade im Älterwerden konfrontieren sie uns mit der Frage, was wirklich wesentlich ist für uns und unser Sein in der Welt. Hildegard stellte sich diesen Herausforderungen, wenn auch manchmal erst nach längerem Widerstand. Das hat sie an innerer Stärke zunehmen lassen, bei aller körperlichen Schwäche. Aufgrund ihres Gehorsams der eigenen Bestimmung und ihrem Gott gegenüber erreichte sie ein Maß an Freiheit wie nur wenige Frauen des hohen Mittelalters.

Hildegard und die heilige Grünkraft

Kurz vor ihrem Tod ist die Äbtissin noch einmal sehr krank gewesen. In dieser Zeit notiert sie: »Wieder überfiel mich schwere Krankheit, sodass das Blut in meinen Adern, das Mark in meinen Knochen verdorrte und meine Eingeweide in meinem Inneren zerrissen wurden und mein ganzer Körper so erschlaffte, wie die Kräuter im Winter ihre

Grünkraft verlieren.«[64] Es ist bezeichnend für Hildegards Verständnis von Krankheit und Gesundheit, dass sie hier von der »Viriditas« spricht, jener schöpferischen heiligen Grünkraft, die sie in einem ihrer bekanntesten Hymnen so besingt:

Es gibt eine Kraft aus der Ewigkeit und diese Kraft ist grün.
Aus lichtem Grün sind Erde und Himmel geschaffen und alle Schönheit der Welt.
Es gibt kein Geschöpf, das nicht aus Gottes Grünkraft seine innere Strahlung besäße.[65]

An anderer Stelle preist sie die heilige Viriditas mit folgenden Versen:

O edelstes Grün, das wurzelt in der Sonne und leuchtet in klarer Heiterkeit im Rund des kreisenden Rades (...).
Umarmt von der Herzkraft himmlischer Geheimnisse rötest du wie das Morgenrot und flammst wie der Sonne Glut.
Du Grün bist umschlossen von Liebe.[66]

Nach Hildegards Überzeugung hatte Gesundheit viel mit dieser grünen Kraft zu tun. Sie setzte sie gleich mit Caritas, der göttlichen Liebe, und mit dem Heiligen Geist, der Ruah, die im Hebräischen ein Femininum ist, also eine weibliche Kraft. Auch Sophia, die jüdische Frau Weisheit, war für sie eine Gestalt voller Grünkraft. In ihren Visionen sah Hildegard sie mit einem grünen Gewand bekleidet und inmitten eines kosmischen Rades thronend.[67] Wie stark Heil- und Grünkraft zusammenhängen, macht auch das im Kapitel »Die schwarze Alte in Sagen, Märchen und Mythen« vorgestellte Märchen von Großmütterchen Immergrün anschaulich. Vielleicht war die heil- und kräuterkundige Hildegard deshalb so wirkmächtig und wurde so alt, weil sie die Geheimnisse dieser Viriditas kannte, die sie als die Wurzelkraft allen Lebens betrachtete.

Die amerikanische Psychologin und Autorin Jean Shinoda Bolen bezieht sich immer wieder auf Hildegard von Bingen. Schon die Einleitung zu ihrem Buch »Feuerfrau und Löwenmutter«, das Göttinnen verschiedener Kulturen vorstellt, trägt die Überschrift: Von der Grünkraft älterer Frauen. Hildegard wird dort als eine Frau verstanden, die ihre grüne Kraft voll entfaltete. Auch wenn die Interpretationen der Jung'schen Analytikerin wohl nicht in allem Hildegards Zustimmung finden würden, trifft ihre Beschreibung der »Grünkraft von Greisinnen« auf die mittelalterliche Äbtissin zu: »Damit eine Frau ihre Grünkraft entfalten kann, muss sie bereits so lange gelebt haben, dass sie in ihrem Engagement für bestimmte Aufgaben fest verwurzelt ist und für sich persönlich einen Sinn im Leben gefunden hat (...). Entscheidend ist, dass sie weiß, wer sie in ihrem tiefsten Inneren wirklich ist, und ob sie davon überzeugt ist, dass ihr Handeln dieses wahre Selbst widerspiegelt oder zum Ausdruck bringt.«[68] Solche Frauen nennt Bolen »kernige Alte«. Der Ausdruck macht anschaulich, dass es beim Älterwerden auch darum geht, zum eigenen Kern vorzudringen und wahrzunehmen, welche Kostbarkeiten sich dort verbergen und entdeckt oder auch gehütet werden wollen.

Das Verständnis von Gesundheit und Krankheit bei Hildegard und ihrer Zeit

Hildegards Heilkunde ist eigentlich eine »Heilskunde« und entspringt einer Philosophie oder sogar Theologie ganzheitlichen Heilseins. Sie ist untrennbar mit ihrer Kosmologie verknüpft, die sie in ihrer dritten Visionsschrift »Vom Wirken Gottes« entfaltet hat. Deren zentrales Thema ist die Verflochtenheit aller Kräfte des Himmels und der Erde, das Wechselspiel und Zusammenwirken von Kosmos, Welt und Mensch, die untrennbare Verbundenheit von Mikro- und Makrokosmos, wie wir heute sagen würden. Das vernetzte Denken ihrer Theologie ist auch das wesentliche Merkmal ihrer Heilkunde. Sie selber formulierte es so: »Der Mensch hat ja Himmel und Erde und die ganze übrige Kreatur schon in sich selber und ist doch eine ganze Gestalt, und in ihm ist alles schon verborgen vorhanden.«[69]

Mit dieser Erkenntnis steht die Heilkunde Hildegards ganz in der Tradition des 12. Jahrhunderts, das nur zwei Disziplinen kannte: die

Heilskunde und die Heilkunde; beide waren nicht voneinander zu trennen. »Aus dieser ganzheitlichen Lebensauffassung heraus wurden im hohen Mittelalter Gesundheit und Krankheit immer auf den Menschen in seiner Ganzheit bezogen und das schloss auch sein seelisches Wohlergehen, sein Seelenheil ein.« »Ein Mensch konnte daher in einer Schicht seines Wesens durchaus gesund erscheinen und zugleich in einer anderen krank zum Tode darniederliegen«, so Heinrich Schipperges, einer der profundesten Hildegardkenner.[70] Er zitiert in diesem Zusammenhang ein medizinisches Arzneibuch des frühen 8. Jahrhunderts, den Lorscher Kodex, der in Bezug auf Heilung von verderblicher Gesundheit (sanitas perniciosa) und heilsamer Krankheit (salubris infirmitas) spricht.

Hildegard war in diesem Sinn also eine Heil- und eine Heilskundige. Krankheit betrachtete sie als Indiz für Störungen, die weit über den somatischen Bereich hinausreichen. »Entstört werden sollen nicht nur organische Teilfunktionen, sondern das Lebensgefüge im Ganzen. Erreicht werden soll nicht eine Gesundheit zu beliebiger Verfügung, sondern ein Heilwerden zu sinnvoller Lebensführung.«[71]

Hildegards Kenntnisse von Körperfunktionen, Organen und physiologischen Wechselwirkungen gehen jedoch weit über das traditionelle medizinische Wissen des christlichen Abendlands hinaus. In ihre Heilkunde integrierte sie Erkenntnisse aus der arabischen und der persischen Medizin und Heilkunst, die der europäischen damals weit voraus waren. An der Universität im süditalienischen Salerno – an der auch Frauen lehrten und studierten – befassten sich Gelehrte bereits seit dem 10. Jahrhundert mit diesen Traditionen des Orients. Über die berühmte Schule von Chartres soll dieses Wissen auch ins nördliche Europa und zu Hildegard von Bingen gelangt sein, die bekanntermaßen Kontakte zu vielen gelehrten Männern ihrer Zeit unterhielt.[72]

Nicht alle Heilmethoden und Auffassungen Hildegards entsprechen heutigen medizinischen Standards, dennoch wirkt ihr Verständnis von Gesundheit und Krankheit sehr modern. In vieler Hinsicht entspricht es dem, was heute immer mehr MedizinerInnen anerkennen (müssen): dass Spiritualität zu den Grundbedürfnissen des Menschen gehört und gerade im Blick auf Heilung und Heilwerden eine entscheidende Rolle spielt, nicht nur in der dritten und vierten Lebensphase, sondern auch im Sterben.

Teresa von Avila (1515–1582) – Ein Leben zwischen Aktion und Kontemplation

»Tue deinem Leib etwas Gutes, damit deine Seele Lust hat, darin zu wohnen.« »Bete nicht um leichtere Last, sondern um einen stärkeren Rücken!« Bereits diese Worte, die Teresa von Avila zugeschrieben und bis heute viel zitiert werden, zeigen anschaulich, dass die große spanische Äbtissin eine Frau war, für die Leib und Seele zusammengehörten. Auch die Feststellung: »Wenn Rebhuhn dann Rebhuhn, wenn Buße dann Buße«, mit der sie die Kritik männlicher Geistlicher an ihrer Freude an einem guten Essen zurückgewiesen haben soll, lässt ihren Humor, ihren Pragmatismus und ihre Abneigung gegen asketischen Rigorismus durchscheinen. Dass ihr Gottesverständnis und ihre Frömmigkeit ganz und gar alltagstauglich waren, wird in einem Brief an ihre Ordensschwestern deutlich, in dem sie schrieb: »Auch wenn euch der Gehorsam viele äußere Verpflichtungen auferlegt, etwa in der Küche, so wisset: auch zwischen den Kochtöpfen wandelt der Herr.«[73]

Ähnlich wie Hildegard von Bingen war Teresa nach dem Urteil ihrer Zeit bereits eine alte Frau, als sie sich mit 47 Jahren entschloss, ein eigenes Kloster zu gründen. Zwar gehörte sie bereits seit ihrem 20. Lebensjahr einem Frauenkonvent des Karmelordens an, dessen lockere Regeln und Annehmlichkeiten sie anfangs durchaus genoss. Aufgrund fehlender spiritueller Orientierung und Anleitung wuchs in ihr jedoch eine große seelische Unzufriedenheit, Unruhe und Zerrissenheit. In ihren Lebenserinnerungen berichtet sie selbst von einer tiefen Sehnsucht, einer Art göttlichem »Lockruf«, der sie zärtlich anrührte und verführen wollte, ihrem Leben eine andere Richtung zu geben. Die leise Stimme in ihrem Inneren wurde jedoch immer wieder durch das umtriebige Alltagsleben in der großen Klostergemeinschaft von zweihundert Nonnen übertönt. Es dauerte viele Jahre, ehe sie den Mut aufbrachte, allen Befürchtungen und Warnungen zum Trotz, der immer drängender gewordenen Stimme in ihrem Inneren zu folgen und mit wenigen Gesinnungsgenossinnen ein kontemplatives Leben nach den ursprünglichen strengen Regeln des Ordens vom Heiligen Karmel zu führen – in Armut und Klausur. Bevor dies möglich war, hatten Teresa und ihre Mitschwestern harte Kämpfe zu führen und zahllose Hindernisse und Widerstände zu überwinden, denn sowohl die Bevölkerung ihrer Heimatstadt Avila wie auch die kirchlichen Behörden taten alles, um Teresas Plan zu vereiteln. Er widersprach zu sehr ihren Interessen und dem, was man einer Frau an Eigen-Sinn zugestehen wollte.

Als die kleine Gemeinschaft 1562 endlich in ein eigenes Haus einziehen und das kontemplative Leben beginnen konnte, fing Teresa an, auf Geheiß ihrer geistlichen Begleiter, ihre Lebensgeschichte niederzuschreiben. Damals ahnte sie nicht, dass ihr der größte Teil ihres Lebens und Wirkens erst noch bevorstand und dass bald schon große Herausforderungen auf sie zukommen und die ersehnte Ruhe beenden würden. Tatkräftig, wie sie war und ihr Leben lang blieb, stellte sie sich diesen neuen Aufgaben und gründete im Lauf der Jahre sechzehn weitere Frauen- und zwei Männerklöster nach dem Modell ihres kleinen Konvents von Avila. Auf diese Weise leitete sie eine tief greifende Reform ihres Ordens ein. Ihre Aktivitäten führten zu heftigen Auseinandersetzungen mit den Ordensoberen und schließlich zur Abspaltung von Teresas Reformklöstern der »Unbeschuhten« KarmeliterInnen.

Vita Sackville-West beschreibt diese Phase im Leben der Klostergründerin und Reformerin so: »Die friedvolle Anonymität des Klosterdaseins vertauschte sie mit den Stürmen, dem Lärm, den Kontroversen, den Geschäften und einem Maß von körperlicher Rührigkeit, das selbst einen Mann in der Vollkraft seiner Jahre aufs höchste belastet haben würde.«[74] Nach eigenem Bekunden litt Teresa zwar häufig unter den vielen Anforderungen und Belastungen ihrer dritten Lebensphase, vermutlich auch unter beleidigenden Äußerungen wie der eines hohen Geistlichen, der sie eine ruhelose Landstreicherin nannte. Dennoch scheint sie aus ihrer wachsenden öffentlichen Tätigkeit und Verantwortung immer wieder neue Energien bezogen zu haben. Trotz gesundheitlicher Probleme, die mit dem Älterwerden zunahmen, ließ sie sich auf Dauer nicht davon abbringen, das zu tun, was sie für notwendig hielt, selbst wenn ihr das Schwierigkeiten mit der Inquisition einbrachte und sie zeitweise gezwungen wurde, ihre Gründungstätigkeiten einzustellen.

Teresas Verständnis von weiblicher Stärke und Schwäche

Was Teresa über weibliche Stärke und Tatkraft dachte, zeigt sich in Aussagen wie dieser: »Ich werfe unserer Zeit vor, dass sie starke und zu allem Guten begabte Seelen verachtet, nur weil es sich um Frauen handelt.« In einem Gespräch mit Gott stellt sie klar: »Die Welt irrt, wenn sie von uns verlangt, dass wir nicht öffentlich für dich wirken dürfen.« Zugleich beschwert sie sich über Männer, »die meinen, jede gute Fähigkeit bei einer Frau verdächtigen zu müssen.«[75] Vermutlich spiegeln diese Worte manch bittere Erfahrungen der Äbtissin, die gerne Großes leisten wollte und sich nicht scheute, Autorität zu beanspruchen. Teresa kritisierte mehr als einmal, dass Frauen sich häufig zu kleinmütig verhielten, der Schwachheit zu schnell nachgaben und einer »unangebrachten, vollkommen unangemessenen Bescheidenheit« und »falschen Demut« frönten. Statt im »Krötengang« durchs Leben zu kriechen, sollten sie mit »heiliger Kühnheit« ihren eigenen Weg zu Gott suchen und sich nicht mit einer winzigen Seele zufriedengeben. Auch ihren Mitschwestern empfahl sie in ihren vielen Briefen immer wieder, die eigenen Wünsche nicht klein zu halten und nicht auf die zu hören, die sie hindern wollten, etwas zu denken oder zu tun, das für Frauen nicht vorgesehen sei.[76]

Solche Aussagen nähren den Verdacht, dass manche Worte Teresas, die sich in kirchlichen Schriften finden, nicht unbedingt wörtlich zu verstehen sind. So ihre stereotype Bemerkung, sie sei ja nur eine schwache Frau, oder ihr bekannter Satz: »Ich bin ein Weib, und obendrein kein gutes.« Manche AutorInnen sehen darin eine, im späten Mittelalter häufig von schreibenden Frauen gebrauchte literarische Floskel (Topos). Denkbar wäre jedoch auch, dass sich das abwertende Frauenbild ihrer Zeit und Kirche – das Weiblichkeit und Schwäche gleichsetzte – doch in einem Winkel von Teresas Seele eingenistet hatte und sie nicht nur ihre ZeitgenossInnen, sondern auch sich selbst immer wieder davon überzeugen musste, dass sie mehr tun konnte und durfte, als man einer »schwachen« Frau zutraute.

Die Philosophin und Theologin Andrea Günter interpretiert die Aussagen Teresas über ihre eigene Schwachheit als eine der damaligen historischen Situation entsprechende spirituelle Haltung jenseits von Machbarkeitsfantasien und faktischer Macht, jedoch im Sinne einer realistischen Handlungsfähigkeit. Ihre Schwäche ist nach Günters Auffassung zugleich ein Resultat ihrer Erfahrungen mit dem großen und ganz anderen Gott, den sie stets als »Majestät« anredet und zugleich einen Freund nennt.[77] In dieser ungleichen und doch innigen Beziehung wurde es ihr möglich, ihre eigenen Schwächen ebenso zu akzeptieren wie die unfreiwillig erlittenen Einschränkungen, ohne jedoch ihre Stärken und ihre Berufung verleugnen zu müssen. Genau dies ist eine jener Fähigkeiten, die Teresa zu einem Vorbild für weibliche Größe und spirituelle Autorität werden ließen.

Teresas Umgang mit Krankheit und Alter

Häufige Schwächezustände körperlicher und geistiger Art gehörten von Jugend an zu Teresas Leben und wechselten sich bis ins Alter mit Phasen großer Tatkraft und schöpferischer Energie ab. Schon als junge Frau litt Teresa an starken gesundheitlichen Beschwerden. Mit 23 Jahren wäre sie beinahe an einer rätselhaften Krankheit gestorben. Man hatte bereits ihre Beerdigung vorbereitet, als sie gerade noch rechtzeitig aus einer tagelangen Bewusstlosigkeit erwachte. Sie war daraufhin drei Jahre lang zur Hälfte gelähmt, konnte sich ohne fremde Hilfe nicht bewegen und wurde in der Krankenabteilung ihres Klosters gepflegt. Auch nach ihrer Genesung blieb ihr Gesundheitszustand schlecht: Erschöpfung, Bewusstlosigkeit, Herzkrämpfe, Depressionen, Fieberschübe, Brechanfälle und schwere Kopfschmerzen plagten sie nach eigener Aussage ihr Leben lang immer wieder. Als reife Frau sprach sie häufig von den Veränderungen und Störungen, denen der weibliche Körper unterworfen sei. In ihrer Autobiografie gibt sie zu, wie oft ihr Schwäche und diverse Beschwerden zu schaffen gemacht hätten, »dass sie sich aber nie zu Selbstmitleid und weiblicher Klagesucht habe hinreißen lassen«[78], sondern solche Einschränkungen mit »Starkmut« zu überwinden versuchte.

Die Wechselwirkungen zwischen Seele, Geist und Körper und ihr Einfluss auf gesundheitliches Wohlbefinden und Krankheitsverhalten waren Teresa durchaus bewusst. Zwar kannte sie den Begriff der Psychosomatik noch nicht, beschreibt in den Schlusskapiteln ihrer »Fundaciones« (Klosterstiftungen) dennoch sehr präzise, »wie sehr doch die Seele durch die Krankheit des Körpers beeinträchtigt werde, sodass man scheinbar völlig seinen Gesetzen unterworfen ist, ganz entsprechend seinen Bedürfnissen und Notwendigkeiten. Zu den großen Leiden und Miseren des Lebens scheint es zu kommen, wenn der Geist nicht mehr die Größe besitzt, es zu beherrschen. Denn, sich elend zu fühlen und große Schmerzen zu haben ist zwar ein Leiden, aber es bedeutet mir nichts, wenn die Seele auf ihrem Posten ist.« »Wenn der Leib jedoch matt sei« – so schrieb sie an einen Freund – »dann werde auch »die Seele ein bisschen verzagt.«[79]

Im Alter von 62 Jahren verfasste Teresa schließlich ihr berühmtestes Buch »Die innere Burg«. In ihm finden wir Antworten auf die Frage, was die rührige Äbtissin trotz seelischer Probleme, innerer Unruhe und gesundheitlicher Beschwerden selbst mit zunehmendem Alter jeden Tag von Neuem befähigte, ihren zahllosen Verpflichtungen und Aufgaben nachzukommen. In diesem Werk entfaltet Teresa in den Bildern einer burgähnlichen großen Wohnung das wort- und gedankenfreie innere Gebet, das für sie im Lauf des Lebens zum zentralen Ort und Mittelpunkt ihrer Spiritualität wurde. Pragmatisch wie sie war, gibt sie zu dieser kontemplativen Praxis des Schweigens und der Versenkung, die zu ihrer Zeit nur Männern erlaubt war, ausführliche Anleitungen. Nicht Riten und Zeremonien, nicht der Verstand, nicht das Nachdenken, nicht Worte eröffnen ihrer Überzeugung nach den Zugang zum Göttlichen, sondern Stille, Hingabe und zweckfreies Dasein vor Gott.

Noch im Alter von 67 Jahren nahm die Äbtissin wochenlange strapaziöse Reisen auf sich, um ihre Mitschwestern zu besuchen oder neue Klöster zu gründen. Obwohl ein seit Jahren verkrüppelter Arm, Fieber, Schüttelfrost, Erbrechen und schwere Blutungen ihr zunehmende Beschwerden bereiteten, machte sie immer neue Pläne. Dass sie lange schon an Krebs litt und todkrank war, scheint sie nicht gemerkt zu haben. Als ihr Zustand sich trotz ärztlicher Bemühungen immer mehr verschlechterte, schickte sie die Mediziner fort. Sie redete mit allen, die sie besuchten, dankte jenen, die ihr nahestanden und sie viele Jahre hindurch begleitet hatten. Am 4. Oktober 1582 starb Teresa in den Armen einer Mitschwester.

In dieser Nacht wurde der Gregorianische Kalender eingeführt. Der nächste Tag war der 15. Oktober 1582. Er gilt seitdem als ihr Todestag.

Teresas Leben und Wirken weist eindrucksvoll darauf hin, dass die »vita activa« und die »vita contemplativa« einander nicht ausschließen, sondern gegenseitig bedingen und ermöglichen. Der klugen Äbtissin war durchaus bewusst, dass Tätigsein in der Welt regelmäßige Zeiten der Wendung nach innen braucht, gerade in der dritten Lebensphase. Ihre unermüdliche Aktivität wurzelte in einer tiefen Ruhe und Gelassenheit, die sie in Gott fand. Zu der ersehnten inneren Einkehr verhalfen ihr wohl nicht zuletzt manche ihrer Beschwerden, denn schon in jüngeren Jahren bekannte sie: »Krank war ich Gott näher.«[80] Jedoch wollte sie die kontemplative Versenkung und Besinnung auf keinen Fall nur als nützliche Methode verstanden wissen, um die Kraft zum Handeln und zur Arbeit zu steigern oder zu erhalten. Die Hingabe an spirituelle Kraftquellen hatte für Teresa einen ganz eigenen Sinn und durfte ihrer Auffassung nach nicht in Erwartung irgendeines Nutzens geschehen. Vielmehr wurde ein Mensch, der in der tiefen Meditation die unfassbare Zuwendung eines freundlichen Gottes erfuhr, ihrer Erfahrung nach durch dieses Geschenk selbst ein Gebender. Damit bestätigte sie, was der große Mystiker Meister Eckhart bereits lange vor ihr formuliert hatte: »Was wir eingenommen haben in der Kontemplation, das geben wir aus in der Liebe.«[81]

Diesen Geist der inneren Gelassenheit bringt ein Text zum Ausdruck, der nicht ohne Grund Teresa zugeschrieben wird. Manchen Quellen zufolge geht er zwar auf eine irische Nonne aus dem 17. Jahrhundert zurück, seine tiefsinnigen, humorvollen und selbstkritischen Aussagen über die Weisheit des Älterwerdens könnten jedoch durchaus von Teresa stammen.

Gebet einer älter werdenden Frau

O Gott, du weißt besser als ich, dass ich von Tag zu Tag älter und eines Tages alt sein werde.
Bewahre mich vor der Einbildung, bei jeder Gelegenheit und zu jedem Thema etwas sagen zu müssen.
Erlöse mich von der großen Leidenschaft, die Angelegenheiten anderer ordnen zu wollen.
Lehre mich, an anderen Menschen unerwartete Talente zu entdecken, und verleihe mir die schöne Gabe, sie auch zu erwähnen.
Lehre mich, nachdenklich – aber nicht grüblerisch –, hilfreich – aber nicht diktatorisch – zu sein.
Bewahre mich vor der Aufzählung endloser Einzelheiten und verleihe mir die Fähigkeit, zum Kern der Sache zu gelangen.
Lehre mich schweigen über meine Krankheiten und Beschwerden. Sie nehmen zu – und die Lust, sie anderen ausführlich zu beschreiben, wächst von Jahr zu Jahr.
Ich wage nicht, die Gnade zu erflehen, mir die Krankheitsschilderungen anderer mit Freude anzuhören, aber lehre mich, sie geduldig zu ertragen.
Lehre mich die wunderbare Weisheit, dass ich mich irren kann.
Erhalte mich so liebenswert wie möglich.
Ich möchte keine Heilige sein – mit ihnen lebt es sich so schwer – aber eine griesgrämige Alte ist das Krönungswerk des Teufels.

Allein leben und verbunden sein

Als ich beschloss
allein zu leben
wurde ich eine starke Frau
habe auch gelernt
dass es Mut braucht
helfend ausgestreckte Hände
dankbar zu ergreifen[82]

So beginnt ein Gedicht der Japanerin Toyo Shibata, die mit 90 Jahren anfing, erste Verse zu verfassen, und damit über ihr Land hinaus zur Erfolgsautorin wurde. »Du bist nie zu alt, um glücklich zu sein« ist der Titel eines schmalen Gedichtbands, in dem sie in heiter-zuversichtlichen, manchmal auch melancholischen Versen ihren Alltag beschreibt und das Geheimnis ihrer späten Jahre verrät.

Könnte ich nur sterben
dachte ich Tag um Tag
doch als ich zu dichten begann
erhielt ich Lob von allen Seiten
nun haben meine Klagen ein Ende
auch mit 98 Jahren noch
will ich lieben
will ich träumen
will ich auf den Wolken reiten[83]

Toyo Shibata lebte nach dem Tod ihres Mannes allein in ihrem Haus, wurde jedoch regelmäßig von ihrem Sohn besucht und täglich von Pflegerinnen versorgt. Sie war dankbar für die Beziehungen, die sie noch hatte, fühlte sich jedoch trotzdem ab und zu sehr allein. So begann sie, Gedichte zu schreiben, und knüpfte damit an eine lange

Tradition an, die in Japan viele alte Menschen pflegen. Für Toyo Shibata wurde es ein Weg, mit sich selbst, ihrer verstorbenen Mutter, dem geliebten Sohn, manchmal auch mit Wolken, Wind und Sonne oder einem Schmetterling Zwiesprache zu halten. So wusste sie sich auch in einsamen Stunden eingebettet in eine große Gemeinschaft, die Lebende und Tote, Himmel und Erde verband. Die Stärke, die ihr auf diese Weise zuwuchs, lehrte sie, Schwäche(n) zu akzeptieren, Hilfe anzunehmen und glücklich zu sein. Sie wohnte zuletzt in einem Pflegeheim und wurde 101 Jahre alt.

Ältere Frauen gestalten ihr Leben allein und mit anderen

Die Zahl alter Menschen, die im Alter allein leben, nimmt in Japan und auch in den westlichen Industrieländern seit Jahren stark zu: im Jahr 2014 waren es in Deutschland 17 % aller 65- bis 69-jährigen Männer und 28 % der gleichaltrigen Frauen; bei den 75- bis 79-Jährigen lebten 18 % der Männer allein, aber bereits 46 % der Frauen. In der Gruppe, die 85 Jahre und älter war, stieg der männliche Anteil auf 34 %, der weibliche auf 74 %.[84]

Als Gründe für dieses Ungleichgewicht gelten die gegenwärtige, jedoch auch für die Zukunft prognostizierte unterschiedliche Lebenserwartung beider Geschlechter, der traditionelle Altersunterschied zwischen Mann und Frau bei Paaren und die wachsende Anzahl von Frauen, die sich scheiden lassen oder bereits länger alleinstehend sind. Männer verbringen ihr Alter meist in einer Paargemeinschaft, die durch den Tod der Partnerin endet. Frauen dagegen erleben ihr Alter häufig als Witwen, Geschiedene oder Alleinlebende.

Die Ausstellung »Gewonnene Jahre« – Neues ZeitAlter für Frauen«, die bis vor Kurzem im Frauenmuseum Fürth gezeigt wurde, sieht in dieser Entwicklung durchaus Chancen und positive Perspektiven. In den Beiträgen des Katalogs wird keineswegs verschwiegen, dass viele allein lebende Frauen im Alter Umstellungen und Anpassungen bewältigen und sich neu orientieren müssen. Zugleich werden jedoch eine ganze Reihe von Lösungen aufgezeigt, die alleinstehende Frauen im Alter (er)finden und erproben: Sie rücken näher zusammen. »Sie bilden lockere Netze gegenseitiger Hilfe, suchen neue Wohnformen zwischen Autonomie und Gemeinsamkeit, finden sich in Freizeitaktivitäten zusammen, schließen neue oder reaktivieren alte Freundschaften, knüpfen vielfältige informelle Verbindungen oder nutzen formelle Netzwerke. Frauen brauchen im Alter Frauen und erschließen sich dadurch neue Möglichkeiten und Zukunftsperspektiven.[85]

Beziehungsfähigkeit und Verbundenheit, die von jeher als besondere weibliche Stärke gelten, erweisen sich im Alter also als wichtige Ressource. Das Entstehen immer neuer alternativer Wohnprojekte und Lebensformen beweist, wie groß die Sehnsucht ist, im Alter nicht allein zu bleiben und gemeinsam mit anderen unter einem Dach zu wohnen. Aber auch Alters-WG oder Seniorenresidenz erfordern eine gewisse Bereitschaft, das Alleinsein anzunehmen und einzuüben, ist es doch eine der wichtigsten Fähigkeiten, um mit anderen Gemeinschaft zu haben oder im Alltag zusammenzuleben. Sich als verschieden und getrennt von anderen akzeptieren zu können und gern bei sich selbst zu Hause zu sein, ist für alleinstehende Frauen ebenso wichtigwie für diejenigen, die in einer Partnerschaft und mit Kindern leben.

Eine Zweierbeziehung zu haben, viele Freundschaften zu pflegen und in digitalen Netzwerken täglich mehrmals Verbindung zu anderen Menschen zu haben, bewahrt keineswegs davor, sich manchmal allein zu fühlen oder einsam zu sein. Einsamkeit ist im Gegensatz zum Alleinsein nach Ansicht von Forschern nicht an die Präsenz oder Nicht-Präsenz, auch nicht an die Zahl von anderen Menschen im eigenen Leben gebunden, sondern speist sich vor allem aus dem Gefühl, von diesen nicht beachtet oder anerkannt zu werden. Sie korrespondiert häufig mit einem Unvermögen, eine Verbindung zur Welt und zu sich selbst aufzubauen und sich selbst als eigenständigen Menschen wahrzunehmen. So war es vor Kurzem in einem Beitrag der Süddeutschen Zeitung zu lesen, in dem unter anderem Maximilian Dorner und sein Buch »Einsam – Na und? Von der Entdeckung eines Lebensgefühls« vorgestellt worden ist.[86] In dem Artikel berichtete der Autor von einer interessanten Erfahrung. Er hatte zu Beginn eines Vortrags ins Publikum gefragt: »Wer von Ihnen ist einsam?« In dem vollen Saal mit Hunderten von Menschen ging keine einzige Hand hoch. Kein Wunder. Denn einsam zu sein wird in einer Kommunikationsgesellschaft wie der unseren als defizitärer Zustand empfunden und tunlichst vermieden oder verheimlicht. Auch manche alleinstehende Frau leidet darunter, dass man sie für ein einsames Mangelwesen hält. Wie anonyme Untersuchungen zeigen, fühlen sich jedoch viel mehr Menschen einsam, als in persönlichen Befragungen zum Ausdruck kommt, es sind vor allem ältere und alte Menschen, ebenso jedoch zahlreiche Jugendliche und Erwachsene.

Ein Lob des Alleinseins

Frauen, die allein leben, ohne Partner oder Partnerin und vielleicht auch ohne Kinder, kennen die Erfahrung, dass ihre Lebensform nicht selten negativ bewertet und mit Egoismus oder Selbstbezogenheit gleichgesetzt wird. Wer sich jedoch immer nur auf andere bezieht und eine schlechte Beziehung zu sich selber hat, wird sich schwertun, allein zu sein und die eigene Tiefe, den eigenen inneren Reichtum zu erfahren. Diese Fähigkeit aber gehört ganz zentral zu einem gelingenden Altwerden. Die damit verbundene Wendung nach innen verlangt nicht nur nach Zeiten des Rückzugs, der Ruhe und Stille, sie erfordert auch den Mut und die Bereitschaft, sich der Einsamkeit auszusetzen. Unsere westliche Kultur gibt uns wenig Unterstützung, das Alleinsein zu üben und ihm einen Sinn zu geben, der über die Regeneration unserer Leistungsfähigkeit und Arbeitskraft hinausgeht. Noch immer fühlen Frauen sich nicht vollwertig, wenn sie keinen Partner oder keine Partnerin vorweisen können. Eine Beziehung zu haben, so locker und unverbindlich sie auch sein mag, erhöht das Selbstwertgefühl und den gesellschaftlichen Status auch heute noch ganz erheblich.

Im späten Mittelalter dagegen wählten viele Frauen bewusst den Stand einer »losen«, das heißt ungebundenen Frau, um ihre geistige Freiheit zu wahren und nicht von einem Mann abhängig zu sein. Sie gingen ins Kloster oder wurden Begine und schlossen häufig intensive

Freundschaften innerhalb ihrer Frauengemeinschaften. Durch die Briefe, die Teresa von Avila an die Nonnen ihrer Klöster schrieb, ist überliefert, wie intensiv solche Frauenbeziehungen sein konnten. Es gab damals jedoch auch religiöse Frauen, die als sogenannte Inklusen oder Einsiedlerinnen bewusst und aus eigenem Antrieb alleine lebten und gerade deshalb als Ratgeberinnen besonders gefragt waren. Andere zogen als »frei umherschweifende« Beginen allein oder in Gruppen durchs Land und versuchten, möglichst unabhängig zu bleiben von männlicher Bevormundung und kirchlicher Kontrolle.

Die Zahl von Einpersonenhaushalten ist heutzutage vor allem in Großstädten sehr hoch, die sogenannten Singles sind jedoch meistens jüngeren Alters. Im Gegensatz zu früheren Zeiten ist ihre Lebensweise zum Normalfall geworden, auch wenn sie weiblich sind. Wenn dagegen ältere Frauen alleine leben, werden sie nicht selten auch heute noch bedauert, ihre Lebensform als Defizit oder unfreiwillig erlittener Zustand betrachtet, manchmal jedoch auch beneidet. Denn nicht wenige Frauen sehnen sich spätestens dann, wenn ihre Männer in Rente gehen oder pensioniert werden, nach den Zeiten, als sie noch nicht dem Zwang permanenter Zweisamkeit ausgesetzt waren – egal ob beim Einkauf, beim Theaterbesuch oder im Urlaub. Mit dem Renteneintritt scheinen nicht wenige verheiratete Männer der Illusion zu erliegen, dass das Leben nur zu zweit erträglich ist. Frauen, die vorher trotz einer Partnerschaft ein eigenes Leben geführt, eigene Freundschaften gepflegt und eigene Aktivitäten unternommen haben, ordnen sich nicht selten den Wünschen ihrer Männer unter und stellen ihre eigenen Bedürfnisse allzu sehr zurück. Kein Wunder, dass die Scheidungsrate von älteren Paaren seit vielen Jahren besonders hoch ist und die Trennung meist von Frauen ausgeht.

Ein echtes Miteinander setzt in erster Linie die Fähigkeit voraus, einander gegenseitig Rückzugs- und »Zwischen«raum zu lassen. Nicht zufällig hat Virginia Woolf schon vor Jahrzehnten ein »Zimmer für sich allein« gefordert und damit Tausenden von Frauen aus dem Herzen gesprochen. Die kleine Dachkammer, in die ich mich zurückziehen konnte, war mir schon als junges Mädchen etwas ganz Kostbares. Zwar teilte ich sie mit meiner jüngeren Schwester, dennoch konnte ich dort ungestört lesen, meinen Tagträumen nachhängen, Schularbeiten machen oder Tagebuch schreiben. Später als verheiratete Frau hatte ich zwar ein eigenes Zimmer, litt aber dennoch oft darunter, zu selten allein sein zu können, weil mein damaliger Mann dafür nicht allzu viel Verständnis aufbrachte. Wie bei vielen Frauen, die ich beruflich in der Beratungsarbeit begleitete, ging meine Ehe schon in jungen Jahren nicht wegen zu großer Distanz, sondern eher an zu viel Nähe und erwarteter Gemeinsamkeit auseinander. Wir hatten nicht gelernt, dass alles seine Zeit hat, das Alleinsein genauso wie das Miteinander, das Umarmen ebenso wie das Sich-Meiden, das Schweigen und das Reden, um nur eine der Weisheiten aus dem Buch der Prediger in der hebräischen Bibel anzuführen. Heute liebe ich es noch immer, alleine spazieren zu gehen, zu wandern oder eine Stadt zu erkunden, weil ich dann sehr viel intensiver und bewusster schauen, hören, wahrnehmen, schmecken, riechen und genießen kann als in Gesellschaft. So schön es ist, Erfahrungen mit anderen zu teilen und sie mitzuteilen, so kostbar und reich ist das Alleinsein, wenn es ein inneres Bedürfnis und frei gewählt ist.

In einem Beitrag von Matthias Drobinski in der Süddeutschen Zeitung über die Bedeutsamkeit des Geheimnisses war jüngst zu lesen: »Jegliches Miteinander braucht die Räume des Unfassbaren.«[87] Das gilt nicht nur im Blick auf eine Gesellschaft, die immer mehr Transparenz fordert, alles wissen und sich ununterbrochen mitteilen will. Auch jede Religion braucht die Akzeptanz des Verborgenen, Unbegehbaren und nur im Glauben Verstehbaren. Ich halte Räume, die offen sind für das Geheimnis, das Unfassbare, das Schweigen gerade auch in Beziehungen für unabdingbar, um Spannung, Lebendigkeit, Neugier und das jeweils Eigene zu bewahren und zu pflegen. Das Bedürfnis nach Alleinsein und Innenschau bedeutet nicht, dass ich mich von anderen zurückziehe, weil ich das Zusammensein mit ihnen gering schätze, es kann vielmehr entscheidend dazu beitragen, mich mit neuer Intensität und Engagiertheit anderen Menschen und der Welt zuzuwenden.

Allein sein zu können ist für mich nicht nur eine Voraussetzung für ein gelingendes Miteinander, sondern auch für eine spirituelle Praxis, die Erfahrungen des All-Eins-Seins ermöglicht. Eins zu sein mit Allem bedeutet, dass wir Menschen Teil der Natur, der Erde und des Kosmos sind und nicht so tun können, als wären wir unabhängig von ihren Rhythmen und Gesetzmäßigkeiten. Die Getrenntheit und Fremdheit zwischen Mensch und Natur, aber auch ein Zuviel an oberflächlichen Beziehungen und Geselligkeiten macht es vielen modernen Menschen schwer, die Verbundenheit und das Eins-Sein mit allem wahrzunehmen. Zwischen sich und der Welt oder auch anderen Menschen leere Räume entstehen zu lassen, ist gerade im Alter eine Möglichkeit, um mit unerwarteten und »wunder-vollen« Erfahrungen beschenkt zu werden – wie Kristin Baege es im folgenden Gedicht[88] ausdrückt:

Zwischenräume
Entstehen
Zwischen
Nicht mehr und noch nicht
Machen Angst
Machen unsicher
Sind ungeliebt
Und unbequem
Aber
In den Zwischenräumen
Ereignen sich
Wunder

Alleinlebende Frauen in der Mythologie und Kulturgeschichte

Ganz im Sinn dieser Offenheit für das Wunder, für andere Wirklichkeiten, für die unsichtbare Seite der Welt, lebten manche Frauen jenseits der Menopause und oft bis ins hohe Alter in früheren Zeiten bewusst allein. Ähnlich wie Nonnen und Beginen des Mittelalters definierten sie sich als lose, freie und ungebundene Frauen, jedoch keineswegs als beziehungslos. Sie nahmen wichtige Aufgaben für ihre Sippe oder (Dorf-)Gemeinschaft wahr, zum Beispiel als Heilerinnen, Kräuterfrauen, Schamaninnen oder Hüterinnen des alten Wissens. Nicht selten waren es Witwen, die sich nach dem Tod ihres Mannes zurückzogen von den Verpflichtungen eines Lebens als Mutter und Ehefrau und sich erlaubten, (endlich) mehr und mehr eins zu werden mit sich selbst und der Natur. Selbst gewählte Einsamkeit und Rückzug waren eine der wesentlichen Quellen, aus denen die »weisen Alten« schöpften, um ihre besondere Begabung und Berufung zu leben.

In einer Sage aus dem Alpenraum wird von einer alten Frau erzählt, die mit einem Sud aus Kräutern und Wurzeln viele Kranke gesund machte. Man nannte sie die »Wurzelsophie« und schätzte sie wegen ihres großen Wissens und ihrer Weisheit. Von ihr wurde gesagt: »Sie war nicht schwatzhaft und fühlte sich allein am wohlsten.«[89] Sie, die so vielen Menschen helfen konnte, geriet eines Tages selbst in große Not. Sie verirrte sich in den Bergen beim Wurzelgraben, fand nicht mehr zurück und fürchtete, von einem starken Wind in die Tiefe gerissen zu werden. Doch auf einmal wurde es heller um sie, sie vernahm Stimmen und wurde von sanften Händen aufgehoben und an einen sicheren Platz getragen. Erst da erkannte die Alte, dass es die saligen Frauen waren, die Göttinnen der Berge, die sie gerettet hatten.

Die Offenheit für die Existenz und das Wirken einer anderen größeren Wirklichkeit findet sich häufig bei den alten weisen Frauen unserer Sagen und Märchen. Auch wenn sie allein leben, sind sie eng verbunden mit den Menschen ihrer Umgebung, vor allem aber haben sie intensive spirituelle Beziehungen, sei es zu Natur- und Elementarwesen wie den saligen Frauen der alpenländischen Sagen oder zu Pflanzendevas und zu Tieren. Manchmal pflegten sie intensiven Kontakt mit den alten weiblichen Gottheiten vorchristlicher Zeiten wie Perchta und Holla, die meist allein oder in Gesellschaft anderer Frauen erschienen. Auch mit Hekate, der vorhellenistischen Göttin der Unterwelt und Hüterin der Wegkreuzungen fühlten sie sich verbunden, denn von ihr hieß es, sie habe allein gelebt, ohne je alleine zu sein.

Dieses Verbundensein mit Wesenheiten und Kräften, die größer und älter waren als sie selbst, scheint das Geheimnis und die Wurzel der Wirkmächtigkeit und Weisheit mythischer alter Frauen zu sein.

Nicht zufällig heißt die alleinlebende Kräuterfrau in der oben zitierten Sage »Sophie«, was einen Bezug herstellt zu Sophia, der göttlichen Frau Weisheit der jüdischen Tradition, die manchmal als strenge Mahnerin erscheint und die Menschen, insbesondere die Männer, zur Umkehr von ihren falschen Lebensweisen auffordert. In dieser Gestalt erinnert sie an die schwarze alte Göttin, von der bereits oben die Rede war.

Göttliche Symbolgestalten wie die jüdische Sophia-Sapientia oder die eng mit ihr verwandte ägyptische Maat werden in der Religionsgeschichte oft ohne männlichen Partner gedacht. Sie sind eins-mit-sichselbst und eins-mit-dem-All, all-ein und All-eins. Sie repräsentieren eine Weltordnung, die auf Gerechtigkeit gründet und die Gesetze von Natur und Kosmos achtet. Ihre Weisheit reicht im wahrsten Sinn des Wortes an die Wurzeln, an die Essenz des Seins. In ihnen kommt eine spirituelle Qualität zum Ausdruck, die in den Mythen der unterschiedlichsten Völker und Kulturen in der Gestalt alter, alleinlebender, weiser Frauen weiterwirkt.

Wie die Geschichte der sogenannten Hexenverfolgungen der europäischen Neuzeit zeigt, haben viele Frauen, die das uralte Wissen, die Kenntnisse und Fähigkeiten ihrer mythischen Lehrmeisterinnen pflegten und weitergaben, dafür mit dem Leben bezahlt. Keineswegs alle Frauen, die man in jenen Jahrhunderten denunziert, gequält und umgebracht hat, waren Kräuter- und Heilkundige oder Hebammen. Wie wir heute wissen, wurden Kinder und Männer mancherorts ebenso verleumdet und auf den Scheiterhaufen geschickt wie unzählige Frauen. Sehr oft jedoch geht aus Prozessakten und Protokollen hervor, dass es gerade alleinlebende, alte Frauen waren, die man beschuldigte, mit den Göttinnen vorchristlicher Zeiten oder – was für die Hexenjäger dasselbe zu sein schien – mit dem Teufel im Bunde zu stehen und Hexen zu sein. Die Unabhängigkeit, Autorität und Souveränität alleinstehender alter Frauen war für die damalige Kirche ebenso eine Gefahr wie für die patriarchale Staatsmacht, denn sie stellte ein Menschen- und Weltbild infrage, demzufolge eine Frau für Mann und Kinder zu leben und keine Existenzberechtigung für sich allein hatte.

Schwestern und Freundinnen als wichtigste Altersgefährtinnen

Von den vielfältigen Beziehungen, die Frauen unabhängig von ihrer Lebensform und Lebensweise pflegen, will ich hier zunächst das Schwesternverhältnis herausheben, denn es bekommt mit dem Älterwerden und Altsein häufig einen besonders hohen Stellenwert. Wie wichtig diese Beziehung für viele Frauen ist, zeigt mir nicht nur ein Blick auf mein eigenes Leben und meine nähere Umgebung. Auch eine 2008 von der Universität Magdeburg veranstaltete interdisziplinäre Konferenz wies deutlich auf die hohe Relevanz von leiblicher Schwesternschaft hin. Sie stellt – wie schon im 19. Jahrhundert durch Studien belegt wurde – oft auch heute noch die einzige konstante Beziehungsform innerhalb von Verwandtschaftssystemen dar und ist für viele Frauen die wichtigste soziale Beziehung überhaupt. Manchmal sind Mädchen und Frauen und mit ihnen eben auch Schwestern bis heute so etwas wie der Mörtel oder Kitt, der einen Familienverband zusammenhält.[90]

Natürlich gibt es auch Schwestern, die ihr Leben lang ein schwieriges Verhältnis zueinander haben und in heftige Konflikte verstrickt sind. Sehr oft ist das die Folge einer schwierigen Familiendynamik mit starken Geschwisterrivalitäten, einer gestörten Mutter-Tochter-Beziehung oder der Erfahrung, von den Eltern zu wenig Aufmerksamkeit und Liebe bekommen zu haben. Trotz bestehender Differenzen und Verschiedenheit zeichnen sich Schwestern aber häufig durch eine große Toleranz und Akzeptanz des Andersseins der anderen aus, bemühen sich um ein gutes Mit- oder zumindest Nebeneinander und sorgen auch dann noch füreinander, wenn sich nicht all ihre wechselseitigen Erwartungen und Wünsche erfüllen. Gerade im Alter, bei schwerer Krankheit oder in anderen Krisen sind solche Kompetenzen und Fähigkeiten von unschätzbarem Wert. Im Kapitel »Der Wunsch, verschont zu bleiben, taugt nicht« habe ich am Beispiel meiner eigenen Erfahrungen beschrieben, wie existenziell, heilsam und wohltuend schwesterliche Zuwendung, Fürsorge und Präsenz in schweren Tagen sein kann.

Die Sozialwissenschaftlerin Sigrid Beyer hat dies in ihrem berührenden Buch: »Frauen im Sterben. Gender und Palliative Care« ebenfalls sehr ausdrücklich gewürdigt. Bei ihren Interviewgesprächen mit krebskranken Frauen unterschiedlichen Alters und mit Mitarbeiterinnen im Hospiz- und Palliativbereich beobachtete sie, wie bedeutsam es für die meisten Patientinnen war, dass – neben PartnerInnen und Kindern – insbesondere Schwestern, Mütter und Freundinnen sie in ihrem Sterbeprozess begleiteten.[91]

Im Gegensatz zur (leiblichen) Schwesternschaft wurden der hohe Wert, die Besonderheiten und die Schönheit von Frauenfreundschaften in den letzten Jahrzehnten durch viele Publikationen gewürdigt. Ich will hier nur das Buch der US-Amerikanerin Janice G. Raymond nennen, das bereits 1986 erschienen ist. Es hat damals unzählige Frauen inspiriert und ist bis heute aktuell und sehr lesenswert.[92] In diesem Grundlagenwerk über eine Philosophie der Zuneigung wird nicht nur die persönlich-individuelle, sondern auch die gesellschaftliche und politische Relevanz von Frauenfreundschaft beschrieben, einschließlich der spirituellen Freundschaften in den Frauenklöstern des Mittelalters und der Liebe zwischen lesbischen Frauen und ihren Gefährtinnen. Raymond wies zudem an unzähligen Beispielen nach, dass die jahrtausendealte Tradition weiblicher Beziehungen und Freundinnenschaft vom Patriarchat häufig demontiert, verschwiegen und verdrängt wurde, weil sie männlicher Dominanz und Herrschaft entgegenwirkte und deshalb als systemgefährdend und bedrohlich galt. Dennoch ließen und lassen Frauen sich davon nicht abhalten, ihre Freundschaftsbeziehungen zu pflegen, oft bis ins hohe Alter.

Mit dem Älterwerden stellt sich jedoch manchmal auch die Erfahrung ein, dass Freundschaften ihre Zeit haben und die eigenen Maßstäbe, Ansprüche und Prioritäten im Blick auf Beziehungen sich im Lauf des Lebens verändern. Was Freundinnen jahrzehntelang verbunden hat, erweist sich plötzlich als nicht mehr tragfähig, was einem selbst wesentlich erscheint, wird von der Freundin nicht mehr geteilt. Begegnungen, die bisher immer anregend waren, hinterlassen plötzlich einen schalen Nachgeschmack, alte Vertrautheit und Nähe weicht ungewohnter Distanz und Fremdheit.

Die Schriftstellerin Marietta Peitz beschreibt in ihrem »Tagebuch des Älterwerdens« mit großer Offenheit solch enttäuschende, oft äußerst schmerzhafte Entwicklungen im Verhältnis zu Frauen und auch zu Männern und sie fragt: »Die Freunde, was ist nur mit ihnen?« »Warum gehen wir einander aus dem Weg? Weil wir altern? Weil das ›Bild von damals‹ nicht getrübt werden soll? Weil das Jetzt das träumerische Ehedem mit einem Tritt zu vernichten droht?« Sie bilanziert: »Ich muss lernen, dass Freundschaften ›Wegbegleitungen‹ sind über kürzere und längere Strecken. Und kostbar als solche. Doch irgendwann gabeln sich die Pfade, zieht jeder seines Weges (...). Freundschaften sind nicht aus dem Stoff der Ewigkeit gemacht, sondern – wundersam – aus dem Stoff der Zeit. Und damit Veränderungen unterworfen.«[93]

Auch ich kenne solche Erfahrungen. Sie haben mit dem Älterwerden zugenommen, sind deshalb aber nicht weniger schmerzhaft, sondern hinterlassen mitunter sehr tiefe Verletzungen. Ich stimme Marietta Peitz zu, dass Freundschaften ihre Zeit haben können, weil wir uns im Lauf des Lebens verändern. Oftmals jedoch musste ich feststellen, dass sich solche Veränderungen seit Langem angekündigt haben, ich – manchmal auch die Freundin – sie aber nicht wahrhaben wollte oder mich scheute, sie anzusprechen, und latente Konfliktthemen lieber vermied. Seit meiner schweren Erkrankung jedoch nehme ich bewusster und kritischer wahr, wie es mir in meinen Frauenbeziehungen geht, was – manchmal auch wer – mir guttut und was (oder wer) nicht, was ich mir erwarte und wünsche, wo ich mich verstanden und unterstützt fühle, wer mich anregt oder langweilt. Heute erlaube ich mir auch die Frage, mit welchen Frauen ich mein Alter verbringen möchte. Nicht jede Freundinnenschaft aus den jungen oder mittleren Jahren hält dieser Frage stand; zuweilen sind ihr Entwicklungspotenzial und ihre Wandlungsfähigkeit einfach erschöpft.

Manchmal ist es möglich, über solche Erwartungen miteinander zu sprechen, manchmal aber helfen auch klärende Gespräche und ernsthafte Auseinandersetzung nicht weiter, weil die gegenseitigen Wünsche und Vorstellungen zu unterschiedlich oder unerfüllbar erscheinen. Manchmal bleibt dann nur eine Trennung oder es geschieht scheinbar zufällig, dass frau sich aus den Augen verliert und auf einmal keine Zeit mehr für ein Telefonat oder einen Besuch bleibt.

Es gibt jedoch auch die Erfahrung, dass Freundschaften aus früheren Zeiten auf einmal wieder aufblühen, alte Gemeinsamkeiten ihre noch immer verbindende Kraft zeigen, verloren geglaubte Bezüge wiederhergestellt und Fäden neu verknüpft werden können. Das gilt auch für Schwesternbeziehungen und ist eine Frucht des Älterwerdens, der gewachsenen Fähigkeit, einander in der Tiefe zu erkennen und zu akzeptieren, mit allen Stärken und Schwächen. »Bei dir darf ich einfach sein, wie ich bin«, das ist eines der schönsten Komplimente, die eine langjährige Freundin mir einmal gemacht hat. Und in der Tat ist damit eine der grundlegenden Qualitäten unserer Frauenfreundschaft beschrieben, die trotz vieler Veränderungen, unterschiedlicher Lebensweisen, räumlicher Distanz und eines großen Altersunterschieds seit unserer Studienzeit besteht. Es sind jedoch nicht nur ähnliche Interessen, Berufserfahrungen und Lebenseinstellungen, die uns verbinden, sondern auch der bewusste Blick auf die Zeiten, die vor uns liegen. Keines unserer Treffen geht vorbei, ohne dass wir uns darüber austauschen, mit welchen Gefühlen, welchen Ängsten und Fragen wir dem Alter entgegengehen. Es bleiben aber immer auch die Hoffnung und der Wunsch, das, was kommt, mit gegenseitiger Unterstützung bewältigen zu können und so wie in der Vergangenheit auch in Zukunft noch viel Schönes miteinander zu erleben.

Auch Schwestern, Freundinnen, PartnerInnen werden jedoch älter oder vielleicht selbst hilfsbedürftig. Glücklich kann sich da preisen, wer jüngere oder noch gesunde Schwestern und Freundinnen hat, die im Fall einer schweren, im Alter auftretenden Krankheit da sind. Und die sogar dableiben, wenn wir uns zu unserer letzten Reise aufmachen. Ein besonders berührendes Beispiel für eine Sterbebegleitung durch Freundinnen und die Kostbarkeit von Frauenfreundschaften ist der Bericht über die letzten Jahre der Theologin Luise Schottroff, den ich im Kapitel »Hinüberschauen – Im Angesicht der Endlichkeit leben« wiedergebe.

Eine »Älteste« werden – Großmütter verändern die Welt

Die Hüterinnen des Seins in traditionellen Gesellschaften

In vielen traditionellen Gesellschaften – indianischen ebenso wie afrikanischen, japanischen oder alteuropäischen – war es die Aufgabe der Alten, sich um das »große Ganze«, um das Wohl und die Zukunft der Sippe zu kümmern. Nach der Menopause stiegen alte Frauen in den Rat der Ältesten auf und zogen in das Gemeinschaftshaus der Großmütter. Sie wurden zu »Großen Müttern«, zu »Hüterinnen des Seins«, die nicht mehr nur für ihre eigenen Kinder und Clanangehörigen sorgten, sondern für die Zukunft der gesamten Gemeinschaft Verantwortung trugen. In allen wichtigen Angelegenheiten hat man ihren Rat eingeholt. Sie waren es, die das Wissen und die Traditionen ihres Volkes pflegten und weitergaben. Ihr Wort hatte Gewicht und sie genossen hohe Achtung. Zu ihren Zuständigkeiten gehörten das Heil- und Kräuterwissen, die Initiation der jungen Mädchen ins Frausein, die Geburtshilfe und der AhnInnen- bzw. Totenkult. Sie hielten die Verbindung zu den Seelen der Verstorbenen aufrecht und wussten, wie mit Totengeistern umzugehen war. »Die englische Bezeichnung ›crone‹ für eine weise alte Frau hat einen Bezug zu ›crown‹, dem Wort für Krone. Dies drückt die Macht der alten Stammesmutter aus, die die sittlichen und gesetzlichen Entscheidungen für ihre Untergebenen und Nachkommen traf.« – So die amerikanische Forscherin und Schriftstellerin Barbara Walker.[94] Nicht selten übernahmen alte Frauen Funktionen, die ihnen vorher verwehrt waren, zum Beispiel in Japan, wo man von Frauen, die nicht mehr bluteten, sagte, sie stünden in der »Blüte ihrer Jahre«.

Bis heute gibt es matrilinear geprägte Ethnien, denen ältere Frauen und Clanmütter vorstehen, so zum Beispiel bei den Irokesen, die im US-Bundesstaat New York leben. Zwar werden sie von einem Häuptlingsrat regiert, dieser konsultiert aber bei allen wichtigen Entscheidungen die alten Clanmütter. Bezeichnend für dieses Volk ist, dass seine Ältesten sich in einem 800 Jahre alten Gesetz, dem »Great Law of Peace«, verpflichten, das Wohl der kommenden sieben Generationen in all ihrem Handeln zu berücksichtigen.[95]

Bei den Lakota, einem anderen indigenen Volk Nordamerikas, gelten bestimmte Voraussetzungen, um »Älteste« (Elders) zu werden. Sie müssen die zentralen Lebensgesetze ihres Volks befolgen bzw. vorgelebt haben – dazu gehören: helfen, heilen, großzügig sein, Mitgefühl, Respekt, Geduld und Toleranz, Bescheidenheit und Demut, Disziplin und Weisheit. Eine weitere Voraussetzung ist, dass sie von anderen Mitgliedern ihrer Gemeinde öffentlich für diese Position vorgeschlagen werden. »Frau wird also nicht automatisch zum Elder, nur weil sie ein bestimmtes Alter erreicht hat.«[96]

Unsere modernen westlichen Industriegesellschaften haben solche »Institutionen« abgeschafft, mit großer Ignoranz den »Ältesten« gegenüber, die auch in Europa einst von großer Bedeutung waren und nach ihrem Tod oft als AhnInnen verehrt wurden. Im Schweizerischen Graubünden und den angrenzenden rätoromanisch geprägten Bergregionen sind Spuren solcher Traditionen noch aus dem 20. Jahrhundert überliefert. Dort galt die sogenannte Mumma veglia, »die Alte« bzw. die »alte Mutter« als Beschützerin insbesondere der Kinder und spielte eine wesentliche Rolle bei der Initiation junger Männer und deren Aufnahme in die Dorfgemeinschaft. Der Kult einer mythischen Ahnfrau, deren Gestalt sich in bestimmten Felsformationen und Steinen manifestiert, hat offensichtlich matriarchale Wurzeln und findet sich noch in keltischer Zeit. Alte Frauen galten in den frühen alpenländischen Kulturen als Herrinnen des Landes und nahmen einen hohen Rang ein. Die Volksüberlieferung erzählt jedoch auch von ihrer späteren Degradierung, Verunglimpfung und Verspottung als hässliche alte Weiber.[97]

Wäre es angesichts der besorgniserregenden Entwicklungen in den westlichen Gesellschaften und der grassierenden Verantwortungslosigkeit kommenden Generationen gegenüber nicht an der Zeit, uns an die Tradition der Ältesten und insbesondere der Clanmütter zu erinnern und sie – den Gegebenheiten unserer Zeit entsprechend – neu zu beleben? Könnten es heute nicht gerade die Alten sein, die frei und erfahren genug sind, die Zukunft unseres Planeten und all seiner BewohnerInnen zu ihrer Sache zu machen? Was müsste geschehen, damit das Alter wieder ein Lebensabschnitt mit einer eigenen Kultur werden könnte, einer lebensfreundlichen Alterskultur eben, die hineinwirkt in die Unkultur des Immer-mehr, Immer-höher, Immer-weiter, Immer-besser?

Träume und Visionen als Kraft der Veränderung

Der Soziologe Reimer Gronemeyer beschreibt in einem seiner Bücher die Alten als Korrektiv und ImpulsgeberInnen einer Leistungs- und Konsumgesellschaft, die nur den Jungen, den Starken, den Konkurrenzfähigen eine Existenzberechtigung zuschreibt.[98] Nachdenklichkeit, Entschleunigung, Gelassenheit, Zuversicht versteht er als besondere Qualitäten der Altgewordenen, die sich und anderen nichts mehr beweisen müssen, die den Dingen auf den Grund gehen können und sich das zweckfreie »Nicht-Tun« leisten können. Sie sind in der Lage – so möchte ich ergänzen – über den Tag hinauszudenken, Sorge zu tragen für die Erde und alle ihre Kinder, ohne Aktivismus und Panikmache. In diesem Sinn waren und sind die Alten für Gronemeyer das »Salz der Erde«. Für sie gilt – so schreibt er –, was in der Apostelgeschichte des Lukas so formuliert wird: »Die Greise werden Träume haben« (2,17). Ich möchte die Greisinnen hier ausdrücklich einschließen, schon allein deshalb, weil es in Zukunft mehr hochbetagte Frauen geben wird als Männer, jedoch auch deswegen, weil ich ihnen im Blick auf das, was heute notwendig ist, mehr zutraue als vielen alten Männern.

Träume und Visionen reichen über das hinaus, was im Moment ist und den Alltag bestimmt. Sie halten für möglich, was noch nicht ist, was aber sein wird, wenn wir es heftig genug herbeisehnen und imaginieren. »Ein Volk ohne Vision geht zugrunde«, diese Aussage der Theologin und Mystikerin Dorothee Sölle beschäftigt auch mich seit vielen Jahren und immer wieder aufs Neue.[99] Ich habe von dieser großartigen Frau nicht nur gelernt, dass Politik und Spiritualität untrennbar zusammengehören, sie hat mich auch gelehrt, Visionen als eine Kraft zu verstehen, die die Welt verändern kann, im Großen wie im Kleinen. Visionen sind mehr als Alltagswünsche oder romantische Träume. Sie zielen auf das große Ganze, auf ein gutes Leben für alle, auf eine bessere Welt, die allen Menschen Heimat sein kann. Visionen haben immer eine religiöse Dimension und sind von einer starken Sehnsucht inspiriert, zum Beispiel nach einem Ort, der anders ist als der, an dem das tägliche Leben sich abspielt. In diesem Sinn sind die Bilder vom Paradies, die die Hebräische Bibel malt, mehr als Metaphern für ein Jenseits. Sie bringen zum Ausdruck, dass unsere Seele von jener Heimat weiß, aus der wir alle kommen und in die wir am Ende unseres irdischen Seins zurückkehren werden. Auch die große Vision des jüdischen Volkes von einem Land, in dem Milch und Honig fließen, speist sich aus dieser Quelle. Sie beschreibt jedoch eher den langen Weg, der zu gehen ist, als das Ziel, das erreicht werden soll.

Im Winter 2014/15 habe ich angesichts all der Horrornachrichten von Kriegen, Vertreibungen, Flüchtlingselend, Seuchen und anderen Gräueln, die uns damals täglich erreichten, in meinen Tanz- und Ritualgruppen bei jedem unserer Treffen eine kurze Austauschrunde eingeschoben, in der wir uns gegenseitig Zeitungsnachrichten vorlasen oder Begebenheiten erzählten, die uns ermutigten, die Kraft unserer Visionen zu nähren und an der Hoffnung festzuhalten.

In diesen Tagen entdeckte ich in der Zeitschrift »Schrot & Korn« einen Artikel mit der Überschrift: »Veränderung ist bereits im Gange«[100]. Es handelte sich um ein Interview mit dem Journalisten und Buchautor Geseko von Lüpke, der sich selbst als Zukunftsforscher bezeichnet, weil er dort hingeht, wo Zukunftsträchtiges heute schon ausprobiert und Veränderung sichtbar wird. Für ihn setzt gesellschaftliche Veränderung vor allem die Bereitschaft zur persönlichen Veränderung voraus. Deshalb bietet er seit vielen Jahren Visionssuche-Seminare für Menschen an, die ihre Werte und Lebensziele neu definieren wollen.

In dem Interview wies er mit Nachdruck darauf hin, worauf es angesichts der gravierenden ökologischen und sozialen Folgen unseres westlichen Lebensstils und der täglichen Negativschlagzeilen über immer neue Katastrophen ankommt. Es geht darum wahrzunehmen, wie viele alternative Lebens- und Zukunftsentwürfe es bereits gibt und wie viel Veränderung bereits im Gange ist, weil weltweit unzählige Initiativen mit Nachdruck an der Umsetzung ihrer Ideen und Visionen arbeiten.

Ein Beispiel aus der Natur bzw. der Tierwelt hat mich in diesem Interview sehr stark beeindruckt. Es stammt von dem Alternativen Nobelpreisträger Nicolas Pernas, der den derzeit laufenden Umwandlungsprozess hin zu einer globalen Zivilgesellschaft mit der Transformation einer Raupe vergleicht. »Wenn sich eine Raupe in einen Schmetterling verpuppt, tauchen in ihrem Körper sogenannte Imago-Zellen auf, Schmetterlingszellen, die im alten Raupen-Körper bereits die Zukunft vorausnehmen. Die erste Generation dieser Zellen wird vom Immunsystem der Raupe als Fremdkörper angegriffen und vernichtet. Die zweite Generation wird ebenfalls attackiert, doch sie hat bereits gelernt, die Immunzellen der schwächelnden Raupe so zu infizieren, dass sie selber Imago-Zellen hervorbringen. Irgendwann schließen sich die isolierten Imago-Zellen zu Clustern zusammen, die sich wiederum über Zellstraßen vernetzen. Dann kommt der Moment, in dem diese vielen Zukunftszellen und Zukunftscluster kapieren: wir sind gar keine Raupe mehr, wir sind schon längst etwas anderes! Von dem Augenblick an geht es rasend schnell!«[101]

Die Imago-Zellen sind für mich und andere Frauen mittlerweile zum geflügelten Wort geworden. Das Beispiel von Raupe und Schmetterling hat uns Mut gemacht, an die Transformationskraft des Lebens und die menschliche Veränderungsfähigkeit zu glauben. In diesem Sinn könnte es heute eine Gabe und Aufgabe der »Ältesten« sein, Träume und Visionen zu haben und ihre Aufmerksamkeit auf das zu richten, was an Veränderung bereits geschieht oder initiiert und angeschoben werden muss. Gerade im Blick auf die schrecklichen Szenarien, die manche Medien angesichts der Zunahme alter, pflegebedürftiger Menschen oder fehlender Pflegekräfte entwerfen, sollte nicht in Vergessenheit geraten, dass es in unserem Land genügend gesunde, kreative und engagierte alte Menschen gibt, die bereit und fähig sind, an einer neuen Alterskultur und auch einem gesellschaftlichen Wandel mitzuwirken und ihre visionäre Kraft dafür einzusetzen. Das Beispiel der zahllosen HelferInnenkreise und Flüchtlingsinitiativen, die sich 2015 und schon vorher in vielen Städten und Gemeinden Deutschlands gebildet haben, um Asyl suchende Menschen willkommen zu heißen und sie bei der Bewältigung ihrer Situation zu unterstützen, zeigt deutlich, welches Hoffnungs- und Veränderungspotenzial es in unserer Gesellschaft gibt, trotz aller gegenteiliger Entwicklungen. Nicht zuletzt sind es ältere und alte Frauen und auch viele Männer, die sich entgegen mancher Unkenrufe über die selbst- und konsumsüchtigen SeniorInnen unserer Tage voller Mitgefühl und Tatkraft für andere Menschen engagieren.

In dem oben zitierten Text aus der Apostelgeschichte des Neuen Testaments werden Menschen vom pfingstlichen Geist der Ruah erfüllt. Dieser Geist wird im Hebräischen als eine weibliche Kraft verstanden, es ist eine heilige Geistin, deren Wirken aufs Engste mit dem Atem, dem Wind, ja sogar dem Stöhnen einer gebärenden Frau verbunden ist. Eine Spiritualität des Älterwerdens könnte dieser Kraft wieder mehr Raum geben und uns – jenseits aller einengenden männlichen Gottesvorstellungen – in die Weite führen und uns verbinden über die vielen Grenzen und Zäune hinweg, die Menschen in der globalisierten Welt noch immer voneinander trennen.

Die neuen Großmütter

Wenn sich größere Räume öffnen und der Blick sich in die Zukunft hinein weitet, wächst oft auch das Gefühl der Verantwortung und das Bedürfnis, sich einzumischen in den Gang der Dinge, mit zu entscheiden und zu handeln. Viele alte Menschen tun das längst. Sie wachsen über das, in vielen Publikationen gemalte Bild der starrsinnigen, hilfsbedürftigen, selbstsüchtigen Alten hinaus. Nicht umsonst sprechen wir im Deutschen von Groß- und nicht von Klein-Eltern. Großeltern, Großmütter und Großväter, entwickeln nicht nur einen Blick für das große Ganze, sie denken und engagieren sich oft weit über den engen Horizont ihres eigenen kleinen Lebens hinaus. Die Japanerin Toyo Shibata, die mit über 90 Jahren zur weltbekannten Autorin wurde, schreibt in ihrem Gedicht »An den Herrn Doktor«:

Bitte nennen Sie mich
nicht Oma
und stellen Sie mir
keine dummen Fragen wie
Welcher Tag ist heute?
und Was macht 9+9?

Erfreuen Sie mich doch
mit Fragen wie
Frau Shibata, wie finden Sie die Gedichte von
Yaso Saijo?
oder
Was halten Sie von unserer neuen Regierung?[102]

Diese hochbetagte Frau hatte als Dichterin eine feine Sensibilität für Sprache und empfand die Anrede Oma oder Omi als Geringschätzung, wenn nicht sogar Abwertung. Auch bei uns werden Frauen oftmals zur Omi, sobald sie Enkelkinder bekommen, und auch wenn sie keine haben, nennt man sie häufig so. Erst vor Kurzem fand ich in einer Zeitschrift eine kleine Notiz, in der zwei über 90-jährige lesbische Frauen, die gerade geheiratet hatten, als Omis tituliert wurden. Was ältere und alte Frauen heute zur Entwicklung einer neuen weiblichen Alterskultur beitragen und für die gesamte Gesellschaft leisten, wird mit solchen verniedlichenden Bezeichnungen ignoriert und klein gemacht. Stattdessen sollten wir sie als »Große Mütter« und »Älteste«

verstehen, die über den Tellerrand der eigenen Familie hinaus weit in die Zukunft schauen und mit ihren Gedanken und ihrem Tun die Welt verändern.

»Das Bild der Großmütter hat einen rasanten Wandel erfahren. Nicht nur äußerlich. Facettenreich sind sie eine individuelle Mischung aus vielen verschiedenen Interessen, Verpflichtungen und Freiheiten. Die neuen Großmütter müssen mobil und flexibel sein – zwischen Patchwork-Familiensituationen und weit auseinanderliegenden Wohnorten ihrer Angehörigen. Manche sind noch berufstätig, andere geben den Beruf sogar wegen Betreuung der Enkelkinder auf, weil sie Töchtern und Schwiegertöchtern Berufstätigkeit ermöglichen wollen und weil sie es genießen, Enkel zu haben. Manche stellen sich als Wahlgroßmütter zur Verfügung, viele reklamieren für sich eigenen Raum, eigenes »außer-großmütterliches« Leben. Die neuen Großmütter teilen ihre Zeit bewusst ein, übernehmen auch mal Großmutterpflichten in anderen Familien (...). Als Teilzeit-Omas setzen sie sich ehrenamtlich ein – als Lese- und Sprachpatinnen, als Lernpartnerinnen oder zur Mittagsbetreuung.« So heißt es in einem Beitrag von Bertrun Jeitner-Hartmann im Katalog der Ausstellung »Gewonnene Jahre. Neues ZeitAlter für Frauen«[103].

Wie die gesamte Ausstellung bezieht die Autorin ältere Frauen anderer Kulturen in ihre Beschreibung ein: »Manche Großmütter ersetzen komplett die Elterngeneration – wie die ›Stillen Heldinnen‹, die AIDS-Großmütter in Afrika, oder sie adoptieren eines ihrer Enkelkinder, um für dessen Erziehung und Bildung zu sorgen. Als Revoluzzerinnen oder ›Protest-Omas‹, aber auch spirituelle Begleiterinnen fühlen sie sich gesellschaftlichem Engagement verpflichtet und nutzen ihr Erfahrungswissen – auch für eine bessere und gerechtere Welt, in der ihre Enkel anständig aufwachsen können.«[104]

Der internationale spirituelle Rat der Großmütter

Wie in Afrika haben in den letzten Jahren ältere und alte Frauen auch in anderen Kontinenten den Horizont ihres Engagements erheblich erweitert. So gab es im Jahr 2004 im Land der Irokesen in den USA eine einzigartige Zusammenkunft von dreizehn indigenen »Großmüttern« aus unterschiedlichen Nationen der Welt. Was sie zusammenführte, war ihre Sorge um unseren Planeten Erde und alle seine Geschöpfe sowie um die Zukunft ihrer ursprünglichen Kulturen.

In einer Erklärung beschrieben sie ihre Anliegen so: »Die Zerstörung der Erde beunruhigt uns zutiefst: die Vergiftung der Luft, der Gewässer und der Erde, die Gräueltaten des Krieges, die Bedrohung durch nukleare Waffen und Abfälle, die wachsende Armut, die vorherrschende Kultur des Materialismus, die Epidemien, die die Menschheit bedrohen, die Ausbeutung der Urvölker und die Zerstörung ursprünglicher Lebensformen.«[105]

Die Frauen, von denen keineswegs alle leibliche Enkelkinder hatten, kamen aus Brasilien, Mexiko, Tibet, Nepal, Alaska, Gabun und verschiedenen indianischen Stammesgebieten der USA zusammen. Mit ihrem Treffen folgten sie der Aufforderung einer alten Prophezeiung ihrer Kulturen, die besagt, dass ein neues Zeitalter anbrechen wird, wenn Großmütter aus allen Windrichtungen sprechen.

Die Spiritualität dieser indigenen »Großen Mütter«, in der prophetische Worte und Visionen eine große Rolle spielen, geht von einer Vernetzung aus, in der alles mit allem verbunden ist. Das bedeutet, dass alles, was ein einzelner Mensch denkt und tut, sich immer auf das große Ganze auswirkt. Diesem vernetzten Denken entsprechend beschlossen die Großmütter schon bei ihrer ersten Konferenz, weiterhin zusammenzuarbeiten und ihre Kräfte zum Wohl ihrer Nationen und der ganzen Welt zu bündeln. Jede von ihnen war damals bereits seit Langem in diesem Sinn tätig, sei es als traditionelle Heilerin und Medizinfrau, als Schamanin, Clanmutter oder Stammesälteste. Manche arbeiteten seit Jahrzehnten als Sozialbetreuerinnen im Gesundheitswesen und engagierten sich in der Suchtheilung oder Drogenprävention. Andere lebten und wirkten im Regenwald des Amazonas oder am Polarkreis.

Obwohl sie aus ganz verschiedenen spirituellen Traditionen stammten – dem Buddhismus und Christentum ebenso wie animistischen Naturreligionen –, verband sie eine tiefe Beziehung zu Mutter

Erde und allen ihren Wesen. Angesichts einer Situation, in der das Überleben der Menschheit, wenn nicht des gesamten Planeten Erde gefährdet ist, fühlten sie sich berufen, ihre Geheimnisse und ihr Wissen weiterzugeben und eine treibende Kraft des Weltfriedens zu sein. Sie setzten sich zum Ziel, die Weisheiten und spirituellen Traditionen ihrer Stämme und Nationen zu erhalten und den Leben zerstörenden Tendenzen überall auf der Welt Einhalt zu gebieten.

In ihrer Abschlusserklärung forderten die Heilerinnen auch das Recht ein, pflanzliche Medizin einsetzen zu dürfen und traditionelle Heilmethoden zu erhalten.

Beim Lesen des Buches, das diese weisen Alten, ihr Wirken und ihre Botschaften vorstellt, hat mich besonders beeindruckt, welche zentrale Bedeutung das Gebet für die meisten der Frauen hat, sowohl in ihrer heilerischen Arbeit wie auch im Blick auf ihre Gemeinschaften. Großmutter Mona Polacca vom Stamm der Hopi-Indianer bezeichnet das Gebet für die nachfolgenden Generationen, die sie nie zu Gesicht bekommen würden, sogar als die wichtigste Aufgabe der Großeltern. Auch die nepalesische Schamanenmutter Aama Bombo betet für eine Welt voll von natürlicher Schönheit, in der alle die gleichen Rechte haben.

Gebete sind für diese Frauen nicht nur die Anrufung einer bestimmten Gottheit, sondern die Pflege der Verbundenheit mit der Erde, den Bäumen, dem Wasser, der Luft, den Elementar- und Naturwesen. Die Kommunikation mit der Welt der Geister ist für sie von ebenso großer Bedeutung wie die Beziehung zu den Toten, denn die längst verstorbenen Großmütter und Großväter wirken als AhnInnen weiter zum Wohl ihrer Nachkommen. Die noch auf dieser Erde lebenden Alten setzen sich auch ganz konkret für die Zukunft ihrer Enkelkinder ein. In Mexiko besuchen sich zum Beispiel die Großmütter verfeindeter Stämme gegenseitig und führen gemeinsame Riten und Zeremonien durch, um Versöhnung und Frieden zu ermöglichen.

Seitdem die dreizehn indigenen Großmütter sich zusammengeschlossen haben, nahmen Älteste weltweit Kontakt mit ihnen auf, um ihre alten Räte und Führungskreise neu zu beleben. Mittlerweile finden die indigenen Großmütter auch in Europa Nachahmerinnen und

Resonanz. Im Jahr 2013 waren sie bei einem Kongress zu Gesundheit, Bewusstsein und Heilung der Erde in Karlsruhe zu Gast und konnten ihre Anliegen in den Medien wirkungsvoll vorbringen.[106]

Der Rat der Großmütter in Deutschland

Dem Beispiel der international agierenden indigenen »Ältesten« folgend, gründeten im Jahr 2009 dreizehn ältere Frauen auch in Deutschland einen »Rat der Großmütter«. Mit ihrer Initiative knüpfen sie an altes Frauenwissen an, das trotz Verfolgung und Vernichtung unzähliger Menschen, die im Einklang mit der Natur lebten, zumindest in Teilen bewahrt worden ist und heute wieder erinnert wird. Auf dieser Basis verstehen sich die Frauen dieses Rats der Großmütter als »indigene« Großmütter Europas. Ihr Ziel ist es, das alte Wissen unserer Ahninnen wieder zu beleben und urgroßmütterliche Frauenkraft in die Welt zu bringen für eine lebenswerte Zukunft der Menschheit und der Erde.

Auf ihrer Website schreiben die modernen Großmütter:

»In der alten Tradition Europas hat die Großmutter aufgrund ihrer Lebenserfahrung und ihrer Nähe zum Tod Macht inne. Wir stehen in dieser Tradition der Weisen Frauen (…). Der Rat der Großmütter nimmt den roten Faden auf dem Weg in eine Zivilisation wieder auf, in der die politische und spirituelle Dimension zusammengehören.«[107]

Beim Hambacher Kongress 2010 rief der Rat der Großmütter dreizehn »Machtworte« aus: »Wir leben in einer Zeit des globalen Wahns. Das Machtwort, der heilige Zorn der Großmütter, richtet sich gegen alle weltweiten patriarchalen Herrschaftsformen, gegen den Machbarkeitswahn, gegen Gewalt, Profitgier, Ausbeutung und Zerstörung. Gegen dieses lebensfeindliche Weltbild und lebensfeindliche Handeln erheben wir unsere Stimme.«

Jedes dieser Machtworte, die auf ihrer Website nachzulesen sind, bringt unmissverständlich zum Ausdruck, dass es den Frauen vom Rat der Großmütter vor allem um Veränderungen im eigenen Denken und Handeln geht. So formulieren sie im 9. Machtwort: »Wir stehen in einer langen AhnInnenreihe mit Generationen vor und nach uns. Wir tragen die Verantwortung dafür, dass kommende Generationen auf der Erde gut leben können. Auch du bist verantwortlich für einen maßvollen, gerechten und achtsamen Umgang mit den Gaben der Erde.«

Mich beeindrucken nicht nur die Machtworte selbst, sondern auch die Haltung dieser »Großmütter«, die weibliche Autorität in Anspruch nehmen, obwohl keine Organisation oder Institution sie formell dazu ermächtigt hat. In dem Wissen, dass viele Frauen denken und fühlen wie sie, haben sie sich selbst ermächtigt und damit ein altes Frauenrecht ins kollektive Bewusstsein zurückgeholt und zur Grundlage ihres politischen Handelns gemacht. Damit ihre Worte wirken, braucht es nun viele Menschen, Frauen wie Männer, die den mutigen Großmüttern ebenfalls Autorität zusprechen, ihrer Stimme Gehör schenken und ihren Worten Folge leisten.

Rotkäppchen ade – Die Großmütter-Revolution in der Schweiz

Seit einigen Jahren treffen sich auch Schweizer Frauen aus der Großmütter-Generation, um die Welt in ihrem Sinn mit zu gestalten und zu verändern. Sie diskutieren über gesellschaftliche Herausforderungen, denken über ihre Handlungsmöglichkeiten nach und tauschen sich über ihre jeweiligen Aktivitäten und Schwerpunktthemen aus. Viele dieser Frauen sind frauenbewegte feministische Achtundsechzigerinnen. Sie engagieren sich (auch) im Renten- und Pensionsalter für weibliche Anliegen und haben deshalb eine Vernetzungsplattform gegründet, die sich GrossmuetterRevolution nennt. Unter der Überschrift: »Ältere Frauen verändern die Welt«, ist nachzulesen, auf welchen vielfältigen Bereichen sie aktiv sind.[108]

Wie die Frauen vom Rat der Großmütter bezeichnen sich die Schweizerinnen bewusst als Großmütter, unabhängig davon, ob sie leibliche Kinder und EnkelInnen haben oder nicht. Sie thematisieren die veränderte Rolle und ein zeitgemäßes Erscheinungsbild älterer

Frauen und machen dieses Anliegen öffentlich. Auf ihrer Website schreiben sie: »Das tradierte Bild der Großmutter ist überholt – wie kann das neue aussehen? Was, du bist schon Großmutter? Frauen über 55 ist diese Frage geläufig. Das Bild, das wir uns von der Großmutter machen, will nicht so recht zur heutigen Frauengeneration mit Enkelkindern passen. Rotkäppchen ade. Die Großmütter von heute liegen nicht krank im Bett wie einst bei Rotkäppchen. Sie sind gut gebildet, haben sich emanzipiert, sind berufstätig, politisch und kulturell interessiert.« Sie »nehmen teil an der Gesellschaft, fühlen sich dem gesellschaftlichen Engagement verpflichtet und nutzen ihr Erfahrungswissen – auch für eine bessere und gerechtere Welt (...). Sie bewegen sich auf der öffentlichen Bühne, haben Ideen, tun sich gerne zusammen, um etwas zu erreichen, und machen politisch von sich reden.«[109]

Initiativen älterer Frauen, wie die beschriebenen, gibt es mittlerweile überall auf der Welt. Im Vergleich zu früher, als Frauen im Alter ebenfalls verantwortliche Aufgaben für das große Ganze erfüllten, spannt sich das Netz ihrer Gedanken und Aktivitäten heute rund um den Globus. Es überschreitet nationale und weltanschauliche Grenzen, verbindet völlig unterschiedliche Menschen weiblichen Geschlechts, die sich austauschen, voneinander lernen und sich gegenseitig ermutigen. Oft führen diese Verbindungen zu konkreten Handlungsperspektiven und gut organisierter Zusammenarbeit. Es sind nicht zuletzt die technischen Neuerungen unserer digitalisierten und globalisierten Welt, die diese weltweite Vernetzung und Kooperation ermöglichen und damit auch den Transport und die Vervielfältigung der Ideen und Anliegen unzähliger Frauen. In diesem Sinne sind ältere und alte Frauen längst dabei, die Welt zu verändern – es dauert jedoch möglicherweise noch eine Weile, bis die Welt das merkt.

Spirituelle Praxis im Kreislauf des Jahres und des Lebens

Wie in der Einleitung bereits erwähnt, belegen verschiedene Studien der letzten Jahre sehr klar, dass Religion und Spiritualität umso bedeutsamer werden, je älter ein Mensch ist. Wie viel seelische Widerstandskraft (Resilienz) wir besitzen und wie wir mit Krankheiten und Krisen umgehen, hängt auch davon ab, ob wir Zugang haben zu tieferen Dimensionen des Seins. Spiritualität erfährt als »Gero-Transzendenz« auch in der Altersforschung immer mehr Aufmerksamkeit, insbesondere im Sinne einer »protektiven Ressource«, die in der dritten und vierten Lebensphase von unschätzbarem Wert sein kann.

Spiritualität verändert sich im Älterwerden

Mit dem Älterwerden wächst jedoch nicht nur das Interesse an Spiritualität, auch das Spektrum dessen, was Menschen bei ihrer spirituellen Suche entdecken, wird größer, weiter und unterschiedlicher. Zu diesem Ergebnis kam ein Forschungsprojekt der Universität Bonn zur religiösen Entwicklung im Erwachsenenalter, geleitet von Andreas Wittrahm, einem katholischen Theologen und Psychologen.[110] Befragt wurden Frauen und Männer zwischen 55 und 88 Jahren aus ganz Deutschland. Dabei stellte sich heraus, dass sich – anders als bisher angenommen – die Religiosität vieler Menschen im Lauf ihres Lebens stark ausdifferenziert und verändert. Dies gilt besonders für jene Menschen, die mit zahlreichen Problemen, Brüchen, Krisen und Konflikten konfrontiert waren und diese bewältigt haben. Sie waren im Blick auf ihr Glaubensverständnis, ihre Gottesvorstellungen und ihre Frömmigkeitspraxis meist offener, flexibler und in gewisser Weise anspruchsvoller als andere Menschen, deren Biografie weniger Bewegung und Herausforderung aufwies.

Auch ich habe im Lauf meiner jahrzehntelangen Tätigkeit in der Krisenintervention, Beratung und Seminararbeit mit alleinerziehenden Frauen erfahren, wie stark spirituelle Angebote jenseits der kirchlich-konfessionellen Traditionen nachgefragt werden. Schmerzhafte Erfahrungen wie Trennung und Scheidung, Tod eines Partners, Alleinsorge für Kinder, Existenznot und eine Vielzahl von Alltagspro blemen führen häufig zu Orientierungslosigkeit, Sinnkrisen und Abwendung von herkömmlichen religiösen Vorstellungen. Zugleich erzeugen sie häufig eine große spirituelle Sehnsucht, die offen ist für den Blick in die Weite und über die Grenzen des bisher Gekannten und Geglaubten hinaus. Sie verlangen nach stimmigen Antworten auf Fragen, die die Grundfesten der eigenen Existenz betreffen, die persönliche Lebenssituation und -erfahrung ernst nehmen und neue Perspektiven aufzeigen, auch in religiöser Hinsicht.

Die gesellschaftlichen und politischen Veränderungen der letzten Jahre haben ebenfalls viele Frauen bewogen, sich von überkommenen, längst zur Routine gewordenen religiösen Gewissheiten und Traditionen abzuwenden, neue Wege zu wagen oder alte vergessene Pfade wiederzuentdecken und gangbar zu machen. Den Frauen geht es jedoch nicht so sehr um den »richtigen« Glauben oder die »richtige« Weltanschauung; sie autorisieren sich vielmehr selbst, eine unmittelbare Beziehung zum Göttlichen zu entwickeln und diese auf die ihnen gemäße Art und Weise zu pflegen und in ihr Leben zu integrieren.

Den eigenen spirituellen Weg zu finden, gelingt jedoch oftmals erst nach langem Suchen, kritischem Hinschauen und Hinspüren oder in fortgeschrittenem Alter. Denn Spiritualität ist heutzutage zu einem inflationär gebrauchten Modebegriff geworden, dessen Bedeutung oft recht verschwommen und beliebig bleibt. Zudem ist das Spektrum der Angebote, die auf einem ständig wachsenden Markt als spirituell bezeichnet werden, sehr breit und unterschiedlich. Techniken zur Verfeinerung körperlicher und sinnlicher Wahrnehmung, sakraler Tanz, psychodynamische Übungen und Meditation gehören ebenso dazu wie Heilungsrituale, spiritistische Sitzungen, astrologische Beratung oder geomantische Wanderungen zu Orten der Kraft. Längst nicht alles, was in Hochglanzbroschüren oder bei Esoterikmessen für viel

Geld angeboten wird, ist seriös und wirkungsvoll. Aber wer will in einem Bereich, in dem es mehr um persönliche Überzeugungen und Glaubenserfahrungen geht, überprüfen oder nachweisen, was hilft und was schadet? Die starke Nachfrage zeigt jedenfalls deutlich, dass viele Menschen, allen voran Frauen, sich mit ihren existenziellen Sinnfragen alleingelassen fühlen und eine große Sehnsucht nach Tiefe und Verbundenheit in sich tragen. Dieser Hunger wird von den großen Kirchen noch immer zu wenig ernst genommen, geschweige denn gestillt.

Spiritualität ist Verbundensein

Spiritualität ist ein Merkmal jeder lebendigen Religiosität. Ich verstehe sie in erster Linie als ein Verbundensein mit meiner eigenen Tiefe und Weiblichkeit, mit anderen Menschen, mit der Natur und ihren Wesenheiten und mit dem Göttlichen als dem Urgrund allen Seins. Eine so verstandene Spiritualität entspricht mehr einem dynamischen Geschehen mit viel Wandlungspotenzial als einem statischen Zustand. Sie gibt den unterschiedlichen Bedürfnissen und Erfahrungen von Menschen Bedeutung und Spielraum und ist offen für unterschiedliche religiöse Vorstellungen und Traditionen. Damit sie im Alter, bei Krankheit und in den dunklen Zeiten des Lebens hält und trägt, will diese spirituelle Bezogenheit jedoch beizeiten gepflegt und praktisch eingeübt werden.

Meiner Auffassung nach gehören Religiosität und Spiritualität zwar zusammen, sind jedoch nicht genau dasselbe. Religionen und Kirchen neigen dazu, Lehrsätze, dogmatische Aussagen, ethische Kriterien, institutionelle Strukturen und geschichtliche Bedingtheiten in den Vordergrund zu rücken. Im weiten freien Raum spirituellen Geschehens geht es dagegen eher um die Sehnsucht nach dem ganz Anderen, nach einem größeren Ganzen, das viele Namen und Gesichter hat, das sowohl als persönliches Gegenüber wie auch transpersonal, überpersönlich gedacht und erlebt werden kann. Manche nennen diese Wirklichkeit Gott oder Göttin, andere sprechen von der Weltenseele, vom Großen Geist, von kosmischen Energien oder der Heiligkeit der Natur. Trotz aller Verschiedenheit und Vielfalt spiritueller Theorie und Praxis geht es immer um die Erfahrung des Bezogenseins auf eine Wirklichkeit, die anders und größer ist als ich selbst und mich über die engen Grenzen meines eigenen Ichs hinausführt. Spirituelles Verbundensein ist erfahrbar ohne Zugehörigkeit zu einer bestimmten religiösen oder weltanschaulichen Gemeinschaft, Konfession oder Kirche und schließt Mitgefühl, Barmherzigkeit und Gerechtigkeit ebenso ein wie eine Praxis, die sich an diesen Werten orientiert.

Eine Spiritualität des Verbundenseins ist eng mit den Traditionen der Mystik verwandt, die eine unmittelbare und persönliche Beziehung zum Göttlichen anstreben. In der Vergangenheit führte dieser Anspruch nicht selten zu Konflikten mit den religiösen Institutionen und sogar zu Ausgrenzung und Verfolgung. In der deutschen Frauenmystik des hohen Mittelalters erfuhr diese Spiritualität der Beziehung eine einzigartige Blüte und hatte zur Folge, dass Beginen und Nonnen sich in großer Freiheit selbst ermächtigten und bedeutende geistliche Werke verfassten, obwohl es Frauen verboten war, sich öffentlich zu theologischen Fragen zu Wort zu melden.

Die große Dichterin und Begine Mechthild von Magdeburg, die im 13. Jahrhundert lebte, fühlte sich durch ihre mystische Verbundenheit mit Christus sogar berufen und autorisiert, heftige Kritik an den Magdeburger Domherren und deren Lebensweise zu üben. Damit brachte sie sich in Lebensgefahr und musste als 63-jährige Frau ins Kloster Helfta flüchten, wo sie zur Lehrmeisterin einer sinnlich-erotischen Mystik und zur »Troubadoura der Gottesminne« wurde.[111] Ihr Beispiel zeigt anschaulich, dass eine Spiritualität der Bezogenheit mehr meint als Innerlichkeit und Kontemplation, dass sie vielmehr aktives In-der-Welt-Sein und Handlungsbereitschaft fordert.

Spirituelles Naturerleben und jahreszeitliche Erfahrungen

Die Spiritualität, die im Laufe der letzten Jahrzehnte in mir gewachsen ist, entwickelte sich vor allem in den schweren und dunklen Zeiten meines Lebens. Trotz einer traditionell protestantisch geprägten Kindheit und einer ersten kirchlichen Berufsausbildung gründet sie nicht so sehr in christlichen Traditionen und Werten, sondern in einer starken Verbundenheit mit der beseelten Natur, ihren Kreisläufen und Kräften. Schon in meiner Jugend fand ich Inspiration und innere Ruhe eher unter freiem Himmel und in langen Spaziergängen als in der Kirche. Später, als ich während einer schwierigen Trennungsphase Trost und Ermutigung brauchte, habe ich am liebsten eine große alte Buche aufgesucht, die ihre Krone weit in den Himmel streckte. Ich liebte sie nicht nur wegen ihrer Stärke und Widerstandskraft; mit den vielen Schrammen in ihrer Rinde war sie mir zugleich ein Symbol für Verletzlichkeit und mein eigenes Ausgeliefertsein an die Stürme des Lebens. An ihren mit Moos bewachsenen dicken Stamm gelehnt und auf ihren breiten Wurzeln sitzend, hat sie mir bei jedem Besuch Kraft und neuen Mut geschenkt. Ihre Äste, die bis zur Erde herunterreichten, legten sich wie ein Schutzmantel um mich und ich fühlte mich geborgen und zu Hause bei ihr. Ihre Wunden und die von heftigen Stürmen, vielleicht auch von menschlicher Hand abgerissenen Äste erinnerten mich an meine eigenen, noch nicht verheilten inneren Verletzungen. Sie ließen mich hoffen, dass über sie wieder eine »Rinde des Vertrauens« wachsen würde – wie die leidgeprüfte und von vielerlei Enttäuschungen und Schmerzen heimgesuchte Dichterin Hilde Domin in einem ihrer Gedichte sagt.

Wenn im Mai noch immer dürre braune Blätter vom Vorjahr an den Zweigen meiner Buche hingen und sich weigerten, loszulassen und abzufallen, fühlte ich mich verstanden, denn auch mir fiel es schwer, mich von den Schatten der Vergangenheit zu lösen. Als ich eines Tages entdeckte, wie kleine hellgrüne Blättchen mit rosa Rändern sich neben dem verdorrten Laub ans Licht schoben, war mein Glück so groß, dass ich, sooft es ging, zu ihr hinlief, um dieses Wunder der Natur voller Dankbarkeit zu bestaunen und in mir aufzunehmen. Dass die frischen jungen Blätter wie zarte Schmetterlinge auf den Zweigen saßen und sich der Sonne entgegenstreckten, verstärkte ihre Symbolkraft und ließ in mir die Hoffnung keimen, dass Wandlung und Erneuerung auch in mir geschehen würden.

Von dem Tag an, als ich mich für das alljährliche Wunder des Frühlings öffnen konnte, sah ich die Zeichen des neuen Lebens überall. Später im Jahr entdeckte ich auch das Geheimnis, von dem Hilde Domin sagte: »Es knospt unter allen Blättern, und das nennen sie Herbst.«[112] Für die große deutsch-jüdische Dichterin waren es immer wieder Symbole und Metaphern aus der Natur, die ihr in schweren Zeiten jene Kraft des »Dennoch« verliehen haben, die ihr gesamtes Leben und Werk durchzieht. Trotz allem Leid und den Entbehrungen ihres langjährigen Exils hat sie nicht aufgehört, an die Kraft der Menschlichkeit zu glauben und immer von Neuem Vertrauen in das Leben aufzubringen, selbst dann noch, als sie sich nach ihrer Rückkehr in Deutschland zunächst als Fremde fühlte. Die lange gesuchte Heimat und ein neues Zuhause fand sie schließlich in ihrer deutschen Muttersprache und in ihrer Lyrik, die insbesondere in ihrem Spätwerk erfüllt ist von großer spiritueller Hoffnung und visionärer Kraft.[113]

Die Schweizer Autorin Ursula Walser-Biffiger hat am eigenen Leib erlebt, wie wirksam die heilsamen Kräfte und Rhythmen der Natur sind, wenn es darum geht, körperlich und seelisch wieder zu Kräften zu kommen und zu genesen. In ihrem Buch »Heilrituale in der Natur« gibt sie zahlreiche Anregungen und konkrete Anleitungen zur Stärkung der eigenen Selbstheilungskräfte. Sie schreibt: »Die Natur zeigt uns ihre Gesetzmäßigkeiten. Im Eintauchen in ihre Prozesse werden eigene Lebenszyklen transparent, annehmbar und zugleich veränderbar. Wer genau beobachtet, erlebt Wiederkehr im steten Wandel. Allein das Wissen um die ständig sich erneuernde Lebenskraft in der Natur kann uns ins Gleichgewicht bringen, mehr noch hilft uns das bewusste Erfahren dieser Tatsache, frei von krank machenden Vorstellungen und Wiederholungsängsten zu werden. Alles kann neu werden, und wir sind eingebunden in dieses Netz des Lebens. Indem wir uns selbst als Naturwesen erkennen, das Veränderungen und Wandlungsprozessen unterliegt, können Wachstum und Heilung geschehen.« »Die Natur hilft uns darüber hinaus, zu erkennen, dass es in unserem Inneren eine Weisheit gibt, die im Einklang mit jener Lebenskraft steht, die in uns und zugleich jenseits von uns allen ist. Sie öffnet uns damit zugleich das Tor zur Essenz, die hinter allem steckt, zur Quelle, aus der heraus alles entsteht.« »Wir können dadurch in Kontakt kommen mit transpersonalen Ebenen, mit dem Kosmischen, dem Göttlichen – wie auch immer wir diesen Ursprung allen Lebens benennen wollen. Hier öffnet sich das Gefängnis des Denkens, lösen sich die Verhaftungen an den Alltag, Sorgen verblassen, eine erweiterte Sicht der Dinge mag sich zeigen, Ruhelosigkeit verwandelt sich in Entspannung. Heilung kann eintreten. Die schöpferische Kraft erwacht (wieder), auch Hoffnung und Lust, das Leben bewusst in die eigenen Hände zu nehmen und verantwortungsvoll neu zu gestalten.«[114]

Die Rückbindung an die Natur, an ihre Geheimnisse und Wunder, ihre Rhythmen und Gesetze, ihre trotz menschlicher Eingriffe und Zerstörungswut noch immer überwältigende Schönheit, ist ein zutiefst spirituelles Geschehen und auch vom Wortsinn her ein religiöser Akt, denn »religio« bedeutet Rückverbindung. Eingewoben zu sein in das unendliche Netz aller Lebensenergien, kann uns Menschen zurückführen an den uns zugedachten und gemäßen Ort.

Älterwerden und Altsein sind in einer so verstandenen Lebensordnung und Philosophie natürliche Gegebenheiten und Grundbedingungen des Menschseins. Je mehr wir unser Eingebundensein in die Zyklen von Werden, Sein und Vergehen bejahen, desto eher wird es uns gelingen, sie als sinnvoll zu erfahren und zu gestalten. Gerade der Herbst und Winter unseres Lebens ist reich an Parallelen zum jahreszeitlichen Geschehen und schenkt uns Erfahrungen und Erkenntnisse, die diese Lebenszeit zu einer ganz besonders reichen und intensiven machen können.

Naturnahes Leben in der Stadt und spirituelle Gartenpraxis

Eine Spiritualität, die versucht, sich wieder mehr in die natürlichen Zyklen des Jahres einzufügen, braucht einen langen Atem und viel Übung, bevor sie ihre ganze Kraft entfalten und auch in den Lebensalltag hineinwirken kann. So wie eine Gärtnerin schon im Herbst an den kommenden Frühling denkt und im Winter Gartenkataloge wälzt und Samen bestellt, so will eine spirituelle Praxis, die sich in der dritten und vierten Phase unseres menschlichen Lebens als tragfähig erweisen soll, lange im Voraus eingeübt werden. Nur dann wird sie tief in unserer Seele Wurzeln schlagen, uns ganz durchdringen und ihre Wirkung entfalten, wenn unser Körper zu verwelken beginnt und es Herbst wird in unserem eigenen Leben. Diese Übungspraxis ist umso wichtiger, wenn wir in der Stadt wohnen und in unserem Alltag wenig Gelegenheit haben, jahreszeitliches Geschehen unmittelbar zu erleben oder naturhafte Erfahrungen zu machen.

Ich selber habe jahrzehntelang mitten in München gewohnt und gearbeitet, als Landkind konnte ich mir jedoch die Sehnsucht und das Bedürfnis nach einem Leben in und mit der Natur bewahren. Deshalb war ich das ganze Jahr hindurch so oft wie möglich in der wunderschönen Umgebung der Großstadt oder im Voralpenland unterwegs. Wenn meine Zeit nicht reichte, um hinauszufahren, bin ich in einen Park in der Nähe meiner Wohnung geradelt und suchte meine stillen Lieblingsplätze auf, um zu lesen, zu arbeiten oder zu entspannen. Draußen vor der Stadt gab es ebenfalls viele Orte der Kraft: alte Bäume, heilige Quellen oder kleine Kapellen irgendwo auf einem Hügel. Blumen, Wasser, Steine oder Moose – alles, was ich am Wochenende von dort mit nach Hause brachte, fand dann einen Platz auf meinem kleinen Hausaltar oder auf dem Küchentisch und half mir, auch während einer langen Arbeitswoche die innere Verbindung mit der Natur, ihren Kräften und Wesen aufrechtzuhalten und mit den Jahreszeiten zu leben.

Seitdem ich in eine kleinere Stadt umgezogen bin, habe ich nicht nur einen Balkon, sondern kümmere mich zum ersten Mal in meinem Leben – zusammen mit zwei Hausgenossinnen – um einen großen Garten. Hier ist mein Bezug zu jahreszeitlichem Leben und Arbeiten viel unmittelbarer und elementarer geworden, denn ein Garten ist mehr als ein Ort der Erholung. Er verlangt Pflege und Aufmerksamkeit, Zuwendung und körperlichen Einsatz nicht nur dann, wenn ich gerade Lust dazu habe oder Entspannung von der Schreibtischarbeit suche, sondern auch dann, wenn die Pflanzen es brauchen oder die Wetterverhältnisse es notwendig machen. Die aufgebrachte Mühe und

Anstrengung beim Säen, Pflanzen, Unkrautjäten und Schneckenbekämpfen wird keineswegs immer belohnt. Es gehören viel Erfahrung, Geduld, Kenntnisse und auch eine Portion Glück dazu, um zu wissen, welche Pflanze sich an welcher Stelle und auf welcher Erde am wohlsten fühlt, welche überhaupt nicht heimisch wird, wer zu wem passt oder die verordnete Gesellschaft anderer Staudengewächse nicht akzeptiert. Es gilt zu erkennen, dass ein Blumengarten nicht nur ein Stück Natur, sondern kultiviertes Land darstellt und erst eine ausgewogene Balance zwischen dem Eigenwillen von Pflanzenwesen und gärtnerischem Planen die Wünsche beider Seiten erfüllt.

In diesem Sinn ist ein Garten für mich ein wunderbares Übungs- und Lernfeld für einen achtsamen und aufmerksamen Umgang mit der Erde und ihren pflanzlichen und tierischen Wesen. Ich erfahre dabei immer wieder von Neuem, wie recht Teresa von Avila hatte, als sie feststellte, dass es viele Ähnlichkeiten zwischen dem Bestellen eines Gartens und der Pflege der eigenen Seele gibt. In Abwandlung dieses Satzes beobachte ich, dass meine Seele sich mehr und mehr auf den Ablauf eines Gartenjahres einstellt und auch den arbeitsreichen Herbst, in dem die Beete für die kalte und kahle Jahreszeit hergerichtet werden wollen, begrüßen kann. Ich weiß es mittlerweile sehr zu schätzen, dass das Wachsen, Blühen und Reifen seine Zeit hat und ein Ende findet, statt sich pausenlos fortzusetzen. Erst dadurch kann winterliche Ruhe einkehren, Rückzug und zugleich Erneuerung geschehen.

Tanz und Ritual im Jahreskreis

Seit fast 30 Jahren folge ich in meiner Tanz- und Ritualarbeit mit Frauen dem Kreislauf des Jahres und dem Rad des Lebens. Der Kreistanz beinhaltet meditative und bewegte Elemente und Traditionen aus der Folklore verschiedener Kulturen, aus dem Bereich der klassischen Musik oder moderne Choreografien. Das Kreisen um eine gemeinsame Mitte verbindet alle Teilnehmenden; es führt heraus aus der Vereinzelung und bindet jede/n ein. Es ermöglicht eine ständige Einübung in ein zyklisches Denken und Sein, ein Exerzitium, das einlädt zum Einswerden mit dem »Großen Runden«.

Kaum eine andere Kultur hat das Muster und die Bedeutung des Kreises so verinnerlicht und zur Grundlage seiner Spiritualität gemacht wie die der nordamerikanischen UreinwohnerInnen.

Black Elk (Hekah Sapa) vom Stamm der Sioux hat es um 1930/31 so formuliert:

»Alle Kräfte der Welt wirken in Kreisen. Der Himmel ist rund, und wie ich höre, ist die Erde rund wie eine Kugel, und ebenso alle Sterne. Wenn der Wind am heftigsten weht, bildet er runde Wirbel. Die Vögel bauen ihre Nester kreisrund, denn sie haben die gleiche Religion wie wir. Die Sonne geht in einem Kreis auf und wieder unter. Der Mond macht es ebenso und beide sind rund. Sogar der Wechsel der Jahreszeiten bildet einen großen Kreis und kehrt immer wieder dorthin zurück, wo er begann. Das Leben des Menschen ist ein Kreis – von Kindheit zu Kindheit – und so ist es mit allem, worin sich die Kraft der Welt regt.«[115]

»Der Kreis ist ein Symbol der Einheit. Wenn Menschen im Kreis zusammenkommen und sich austauschen, dann ist jede Aussage gleich wichtig. Im Kreis gibt es keine Hierarchien der Macht (…), kein Oben und Unten, kein Stärker oder Schwächer. Der ›lineare Weg‹ bringt die Menschen nicht so zusammen. Der Kreis aber macht es möglich.« Diese Beschreibung des ältesten Symbols der Menschheit war in einer Rundfunksendung von Geseko von Lüpke zu hören.[116] Sie trifft Wort für Wort für den Kreistanz zu. Auch für ihn gilt, dass die Bewegungen des Tanzes mit der Innenwelt der Tanzenden korrespondieren und zugleich mit der endlosen, ewigen Dynamik des Kreises, die – wie das Universum – keinen Anfang und kein Ende hat. Im Tanzkreis sind alle gleich weit vom Mittelpunkt entfernt und somit »gleich-gültig«. Verbunden über die Hände, bilden die Tanzenden einen Kreis, der Geborgenheit vermittelt, der schützt, der Energien bündelt, der die Weitergabe und das Teilen von Kraft ermöglicht.

So verstanden, ist der Kreis auch Symbol für ein gleichberechtigtes demokratisches Miteinander einer Gesellschaft, die im Gleichgewicht und tiefer Rückverbindung mit der Natur lebt. Deshalb beziehen sich soziale Utopien und VisionärInnen der Gegenwart überall auf der Welt immer wieder auf den Kreis. Wie der Ägypter Ibrahim Abouleish, der für sein soziales Modellprojekt »Sekem« (der Kreis) den Alternativen Nobelpreis erhielt. Auch in vielen Religionen spielt der Kreis eine zentrale und zentrierende Rolle, zum Beispiel im Kreistanz der Sufi-Derwische, in den kreisrunden Kuppeln orthodoxer Kirchen, in den Mandala-Meditationsbildern buddhistischer Weisheitstraditionen oder bei christlichen MystikerInnen, die Gott als eine Kugel verstanden.

Wie der Kreis einen Mittelpunkt hat und jedes Rad eine Nabe, die es zusammenhält, so bewegt sich jeder Tanzkreis um eine Mitte als gemeinsames Zentrum. Diese Mitte wird gestaltet durch jahreszeitliche Symbole, durch Farben, Blumen, Kerzen und Tücher. Sie ist ein wirkmächtiges Symbol für spirituelle Energien, die stärken, nähren und verbinden. Mir erscheint es wesentlich, dass die Mitte nicht durch Definitionen festgelegt wird, sie soll – wie alle universalen Symbole – offen sein für unterschiedliche, wechselnde Interpretationen. Quelle des Lebens, heiliger Urgrund des Seins, Ort der Kraft – das sind Bilder, die umschreiben, was diese Mitte sein und bedeuten kann. Die von mir regelmäßig initiierten Abende folgen in ihrer inhaltlichen Gestaltung, insbesondere in der Auswahl der Tänze, den großen, am Lauf der Sonne und des Mondes ausgerichteten, schon in vorchristlicher Zeit begangenen Feste im Jahresrad. Meist haben sie auch eine Entsprechung im Kirchenjahr. Die Tanz- und Ritualpraxis, die sich in meinen Gruppen über viele Jahre herausgebildet hat, schließt einheimische alpenländisch-bayrische Traditionen und Bräuche sowie vorchristliche, zum Beispiel keltische Überlieferungen ebenso ein wie die Beschäftigung mit heiligen Frauen, Göttinnen oder anderen mythischen Gestalten, die einen Bezug zur jeweiligen Jahreszeit haben. Wie im jahreszeitlichen Geschehen kommen auch im Festcharakter Energien, Themen und Aufgaben zum Ausdruck, die uns Impulse für unser persönliches Leben, für die Altersphase, in der wir uns befinden, und nicht selten auch für unsere gesellschaftliche Situation geben können.

Gaben und Aufgaben der Jahreskreisfeste Lichtmess und Allerseelen

Eine besonders große Bedeutung kommt in meinen Gruppen dem Fest Mariä Lichtmess bzw. Reinigung zu, das – zumindest in Bayern – im Kalender der katholischen Kirche auch heute noch einen wichtigen Platz hat. Wie andere alte Feiertage wurzelt der Lichtmesstag samt den mit ihm verbundenen Vorstellungen, Symbolen und Bräuchen tief in den elementaren Erfahrungen, die die Menschen in der jeweiligen Jahreszeit machten. Die irischen InselkeltInnen begingen das Fest, das sie Imbolc nannten, Anfang Februar, in einer Zeit, in der der Winter noch nicht ganz vorüber war, das Sonnenlicht jedoch bereits sichtbar und spürbar zunahm. Zugleich weihten sie es der Kraft der jungen zunehmenden Mondsichel. Es stand also ganz im Zeichen des nahenden Frühlings und der zyklischen Lebenskraft der Erde und der großen Himmelslichter. Die kreativen schöpferischen Energien des Wachsens und Werdens in Natur und Kosmos wurden von Brigida (oder Bride), einer ihrer wichtigsten Göttinnen, verkörpert. Dementsprechend galt die »Maria der Gälen«, wie Brigida in christlicher Zeit genannt wurde, als Bildnerin der Erde und Erschafferin der grünen Insel Irland, ebenso als Herrin der Elemente, Schützerin der Quellen und Hüterin der Inspiration, der Wünsche und Träume.

Wie die meisten Feste im Jahreskreis, haben das keltisch-irische Frühlingsfest und das katholische Fest Mariä Lichtmess verschiedene Bedeutungsebenen und Aspekte. Wenn ich Lichtmess mit meinen Gruppen begehe, dann entscheide ich mich meist für einen bestimmten Schwerpunkt, der den spirituellen Anliegen der Frauen entspricht oder einen Bezug hat zu jeweils aktuellen gesellschaftlich-politischen Herausforderungen.

Neun Monate nach dem Lichtmessfest wird in der katholischen Kirche Allerheiligen gefeiert. Es dient heutzutage in erster Linie dem Totengedenken und hat den Allerseelentag, der auf den 2. November datiert ist, völlig überlagert. In meinen Gruppen begehen wir Allerseelen in der Tradition des keltischen Toten- und Ahninnenfestes Samhain, das die christlichen ebenso wie die immer mehr in Mode kommenden Halloweenbräuche stark geprägt hat. In meinem Buch »Schwester Tod« habe ich die Ursprünge und Anliegen dieses Festes und ein Tanzritual für die Ahninnen näher beschrieben.[117] Einfache Lieder und Tänze finden sich in dem Buch »Verbundensein« von Diana Monson.[118]

Ziriah Voigt beschäftigt sich in ihrem Standardwerk »Ritual und Tanz im Jahreskreis« ebenfalls mit den vorchristlichen Hintergründen, der Mythologie und dem überlieferten Brauchtum. Zum novemberlichen Dunkelheitsritual schreibt sie: Es »konfrontiert uns in penetranter jährlicher Regelmäßigkeit mit der Kraft und Gewalt des Sterbens – egal, ob wir zwanzig oder siebzig Jahre alt sind. Jedes Jahr zu dieser Zeit sehen wir die Pflanzen vergehen (...). Wir müssen lernen, Lebendiges wieder gehen zu lassen und den Tod als Teil des Naturzyklus zu begreifen. Die dunkle Phase im Jahreskreis – repräsentiert im schwarzen Aspekt der Göttin – haben wir als ebenso wichtige Zeit wie die weiße und die rote in den entsprechenden Jahreskreisritualen zu durchwandern. Die knochige Gestalt der dunklen Göttin fordert uns auf, sie ungeschminkt anzuschauen und diesem Bild standzuhalten. Wir erkennen unsere Aufgabe, die eigene Sterblichkeit nicht zu vergessen und uns dem Prozess des Alterns zu stellen, ohne ihn zu beschönigen.«[119]

In diesen Sätzen wird deutlich, dass eine naturnahe Spiritualität nicht nur dem Kreislauf der Jahreszeiten folgt, sondern uns immer von Neuem zu einer Auseinandersetzung mit den zyklischen Prozessen des menschlichen Lebens, des Werdens, des Seins und des Vergehens herausfordert. Neben den Aufgaben, die uns damit gestellt sind, lenkt diese spirituelle Praxis unseren Blick jedoch immer auch auf die Gaben, die uns die jeweilige Jahres- und Lebenszeit schenkt.

In diesem Sinn feierten die KeltInnen an der Schwelle zur dunkelsten Zeit des Jahres das AhnInnen- und Totenfest nicht nur als Abschied und Abschluss, sondern zugleich als Neujahrsfest, als Fest eines neuen Anfangs. Das Vertrauen in die regenerativen Kräfte der Erde, die sich in der kältesten Jahreszeit erneuern, bestärkte sie in ihrem Glauben an die Wandlungskräfte auch ihres eigenen Lebens und in der Gewissheit einer Wiederkehr nach dem Tod.

Eine ähnliche Zuversicht bringt auch das folgende Gedicht zum Ausdruck:

Dem Winter
Sein eigenes Recht geben,
nicht wachsen müssen,
blühen und reifen,
sondern sein dürfen
einfach nur sein
und die Stille auskosten
Stunde um Stunde,
bis der Frühling
dich wärmend
zu neuer Wandlung
erweckt.
BRUNO DÖRING[120]

Hinüberschauen – Im Angesicht der Endlichkeit leben

Noch wie ein Traum der andere Raum,
doch kann ich schon hinüberschaun
und achtsam eine Brücke baun.
ARUNGA HEIDEN[121]

Wer den Mut hat, sich mit der eigenen Sterblichkeit und dem Tod zu beschäftigen, kann erfahren, dass es das Leben reicher macht und neue Freiheit schenkt. Spätestens mit dem Älterwerden beginnt die Zeit, in der es darum geht, Unwichtiges loszulassen, uns auf das Wesentliche zu konzentrieren und im Wissen um die geschenkte Zeit jeden Tag bewusst zu erleben. Auch wenn uns eine penetrante Werbung ständig vorgaukelt, wir könnten das Altern mithilfe bestimmter Kosmetika oder Pillen beliebig weit hinausschieben oder ganz vermeiden, müssen wir uns irgendwann von der Illusion immerwährender Jugend, Gesundheit und Spannkraft verabschieden. Es darf sein, dass uns diese Erkenntnis mit tiefem Schmerz erfüllt und wir über das trauern, was unwiederbringlich vorbei ist. Die Erfahrungen des Schwächerwerdens der körperlichen und geistigen Kräfte, oft auch eine große Müdigkeit der Seele gehören zum Winter des Lebens wie der Rückzug der Vegetationskräfte in der Natur zur dunklen Jahreszeit. Sie zu leugnen macht die Situation nicht besser.

Erfülltes Altern ist nur möglich, wenn ein »Auszug« gewagt wird, in die Wüste, in neue Räume, in denen Beeinträchtigungen und Defizite sein dürfen, Bedürftigkeit zugelassen und Dankbarkeit möglich wird – so Reimer Gronemeyer. Die Räume, die sich im Alter auftun, scheinen manchmal leer oder nur sehr karg möbliert zu sein, gerade deshalb können sie sich mit bisher unbekannten Qualitäten füllen, mit Sein statt Haben zum Beispiel, mit Muße statt Hektik, mit Selbstvergessenheit statt Egozentrik, mit Schwachheit statt Stärke. »Wer diese Meisterschaft, diese Kunst des Alterns erlernen will – und sie ist erlernbar! – muss bereit sein, etwas auf- und abzugeben, loszulassen und zu lassen, das sind die Voraussetzungen jener Gelassenheit, von der schon Meister Eckhart sprach. Diese Tugenden machen die Weisheit des Alters aus und schaffen eine Freiheit, in der Visionen von einer anderen, besseren Welt blühen können.«[122] Die »gewonnenen Jahre« können uns also einen Zuwachs an Lebensqualität und Freiheit schenken. Sie verlangen jedoch die Bereitschaft, uns den Fragen nach Sterben und Tod und damit dem Blick auf das »Danach«, »auf die andere Seite« des Seins zu stellen. Vor diesem Hintergrund kann das Leben noch viel heller leuchten.

Heimgehen mit Schwester Tod

Es war mir bei der Auseinandersetzung mit Sterben und Tod sehr wichtig, mir die weiblichen Bilder des Todes in Erinnerung zu rufen, die unsere mitteleuropäischen Kulturen uns zur Verfügung stellen. Besonders während meiner lebensbedrohlichen, schweren Erkrankung habe ich erfahren, wie tröstlich das Wissen um eine mütterliche oder schwesterliche Gestalt sein kann, die mich an der Schwelle erwartet und empfängt. Ein Bild, das mich seit Langem besonders anspricht, ist die Symbolgestalt von »Schwester Tod«, wie sie in der folgenden Nacherzählung einer alten Geschichte beschrieben wird.

> *Einmal kam die Tödin über den Fluss, wo die Welt beginnt und endet. Dort lebte eine arme Hirtin, die eine Herde weißer Gänse hütete. »Du weißt, wer ich bin, Kameradin?«, fragte die Tödin. »Ich weiß, wer du bist. Ich sah dich oft auf der anderen Seite des Flusses, ich kenne dich so gut, dass du mir wie eine Schwester bist.« »Dann weißt du, dass ich hier bin, um dich zu holen und mitzunehmen auf die andere Seite des Flusses?« »Ich weiß es.« »Du fürchtest dich?« »Nein«, sagte die Hirtin, »ich habe immer auf die andere Seite des Flusses geschaut, ich kenne sie. Nur*

meine Gänse werden dann allein sein.« »Ach«, sprach die Tödin, »eine andere Hirtin wird kommen.« »Dann ist auch das so in Ordnung«, sagte die Hirtin.
»Nun werde ich dir noch einige Zeit lassen. Wünsche dir etwas, was ich dir geben werde.« »Ach«, sprach die Hirtin, »ich habe immer alles gehabt, was ich brauchte. Eine Bluse, einen Rock und einiges zu essen. Mehr habe ich nie gewollt. Ich hatte ein glückliches Leben. Ich kann die Flöte spielen.«
Nun gut, die Tödin ging weiter, denn sie hatte noch einige andere in der Welt abzuholen und kam nach einer Weile wieder. Hinter ihr gingen viele.
Als die Tödin der Gänsehirtin die Hand auf die Schulter legte, stand diese fröhlich auf und ging mit ihr mit, als habe sie ihre Schwester getroffen. Nur die Flöte hätte sie gerne mitgenommen, aber das war nun nicht nötig, denn die Töne, die sie einst gespielt hatte, waren da, hinter dem Fluss, ewig zu hören.

Ich habe diese alte Parabel in einem Buch von Waldemar Pisarski über die Kunst des Lebens und des Sterbens entdeckt. Sie findet sich unter dem Titel »Der Tod und der Gänshirt« in der ersten Auflage der Kinder- und Hausmärchen der Brüder Grimm[123], kursiert jedoch bis heute in mehreren Fassungen, unter anderem in einer freien Nacherzählung des Kinderbuchautors Janosch. Anders als in meiner Version sind beide Protagonisten Männer. Bei Pisarski wird der Tod Bruder genannt, was mich besonders angesprochen hat.[124] Im Unterschied zu anderen männlichen Personifikationen des Todes, die unsere Kultur kennt, ist der Tod hier kein »Gevatter«, kein »Schnitter Tod« und auch kein »Sensenmann« wie in manchen Märchen oder in den zahlreichen Totentänzen des späten Mittelalters. Er trägt nicht die furchterregenden, martialisch-militärischen Züge, die man ihm seit dem 12. Jahrhundert manchmal gab, sondern ist eher ein Freund oder Bekannter. Er redet mit denen, die er mitnehmen will, und erfüllt sogar Wünsche – auch wenn sie gar nicht laut geäußert werden.

Franz von Assisi bezeichnete den Tod in seinem berühmten Sonnengesang ebenfalls als »Bruder« und er hatte dabei wohl ähnliche Bilder vor Augen wie unsere Parabel. Im altitalienischen Original ist jedoch nicht von einem Bruder, sondern von »Schwester Tod« (sora nostra) die Rede.[125] Die Hymne auf die Schöpfung entstand um 1225, als der 45-jährige Franziskus schwer krank darniederlag und sich vor dem Sterben fürchtete. Als er erfuhr, dass ihm nicht mehr zu helfen war, soll er die Hände ausgestreckt und gesagt haben: »Sei willkommen, Schwester Tod!« Nachdem er seine Brüder gebeten hatte, ihm von dieser Schwester zu singen – was sie bestimmt taten –, fügte er in seinen Sonnengesang vor dem letzten Vers die Strophe von Schwester Tod ein.[126] Ihm – der in Klara eine geistliche Schwester und Seelenfreundin gefunden hatte – war es wohl eine tröstlichere Vorstellung, von weiblichen, nicht von männlichen Händen auf die andere Seite geleitet zu werden.

Wenn ich der Todesgestalt der oben zitierten Parabel ein weibliches Gesicht gebe, dann deshalb, weil nur eine Frau jene Überzeugungen symbolisieren kann, die die Menschen früherer Zeiten vom Tod und vom Jenseits hatten. Die alten Sagen und Volksüberlieferungen erzählen von Tödinnen, Sterbeammen und Fährfrauen, Totenmüttern und Seelenwächterinnen, die den Sterbenden Trost und Beistand schenkten, ihre Seelen hinüberführten in eine andere Welt, sie hüteten und versorgten. In der keltisch-christlichen Tradition wird vom offenen Herzen des Todes gesprochen oder vom Wiegenlied Brigidas, in deren Herz die Seele eingeht.[127] Anders als die männlichen Personifikationen des Todes sind die weiblichen Gestalten der Mythologie ursprünglich immer mit der zyklischen Vorstellung von Werden, Sein und Vergehen, von Wandlung und Wiedergeburt verbunden und sie vermitteln meist freundlichere, weniger erschreckende Bilder von Sterben, Tod und Jenseits.

Von der Gänsehirtin des Märchens wird erzählt, sie habe ihr Leben lang »hinübergeschaut« auf die andere Seite des Flusses. Auf diese Weise hat sie sich mit der Anderswelt, die in vielen Mythen jenseits eines großen Wassers lokalisiert wird, schon zu Lebzeiten vertraut gemacht. Sie kennt die Tödin schon lange und so gut, als sei sie ihre eigene Schwester. Das sind starke Bilder, vielleicht überzeichnet und idealisiert, wie wir es in vielen Märchen finden. Und dennoch können sie uns auch heute einladen, öfter einmal auf die andere Seite des Lebens zu schauen und uns der eigenen Vergänglichkeit zu stellen, sie als eine Möglichkeit kennenzulernen, unser Leben reicher und tiefer zu machen, im Sinn einer indianischen Weisheit, die besagt, dass alles, was uns auf den Tod vorbereitet, unser Leben bereichert.

Die Zeit, die der Gänsehirtin geschenkt wird, verbringt sie offensichtlich nicht anders als vor dem Erscheinen von Frau Tod. Sie überlegt nicht, was sie bisher versäumt hat und nun noch schnell nachholen will. Sie tut das, was sie immer getan hat, denn sie konnte von sich und ihrem Leben sagen, dass es ein gutes, ein gelungenes Leben war. Menschen, die Sterbende begleiten – im Hospiz, auf einer Palliativstation oder zu Hause –, berichten, es sei am Ende des Lebens den meisten von ihnen wichtig, dass gewürdigt wird, wer sie waren und was sie geleistet haben. Es beruhigt und entlastet sie zu hören, dass es in Ordnung war, wie sie lebten. Vielleicht konnte unsere Gänsehirtin dem Tod so gelassen entgegensehen, weil sie bereits zu Lebzeiten die Gewissheit in sich trug, dass sie mit sich und ihrem Leben zufrieden sein konnte. Noch mehr: Sie hatte ein glückliches Leben gehabt, weil das Glück für sie nicht von irdischem Besitz und vielen Gütern abhängig war, nicht vom Haben, sondern vom Sein. Dennoch ist anzunehmen, dass die geschenkten Tage oder Jahre auch für diese genügsame Frau eine neue Qualität bekommen haben. Die Fröhlichkeit, mit der sie die Tödin schließlich empfängt, lässt vermuten, dass sich ihre Freundschaft mit Schwester Tod noch vertieft hat und sie ohne Angst mit ihr hinübergehen konnte in eine andere Welt.

Mir ist bewusst, dass sich keineswegs alle Frauen mit einer weiblichen Symbolisierung des Todes, einer Tödin oder Schnitterin Tod anfreunden können oder wollen. Seitdem mein Buch »Schwester Tod« erschienen ist, haben mir viele Frauen erzählt, wie ungewohnt, neu und zugleich faszinierend das Bild einer schwesterlichen Todesgestalt für sie ist – sei es im Blick auf das eigene Sterben oder den Tod eines ihnen sehr nahestehenden Menschen. Immer wieder wurde mir jedoch auch berichtet, wie tröstlich weibliche Symbolisierungen des Todes bei unheilbarer Krankheit und in Trauerzeiten wirken können oder auch dann, wenn ein furchterregendes, strafendes Gottesbild das

Sterben belastet. Erst vor Kurzem erfuhr ich voller Freude davon, dass einer alten Dame, die mit ihrem baldigen Sterben rechnete und sich intensiv darauf vorbereitete, »Schwester Tod« im Traum erschienen war. Sie stand als helle Gestalt in der Tür ihres Zimmers und winkte sie zu sich. Das hat in mir eine große Sehnsucht geweckt, einmal auf ähnliche Weise »heimgerufen« zu werden. Ich weiß nicht, ob das »Hinübergehen« leichter wird, wenn »Schwester oder Mutter Tod« uns erwarten; in jedem Fall ist es ein inneres Bild, das Vertrauen weckt und die Seele mit der Zuversicht erfüllt, dass gute Hände uns empfangen.

Die heilige Odilia als Sterbebegleiterin

Wie wir wissen, haben unsere Vorstellungskraft und Imaginationsfähigkeit einen starken Einfluss auf die Art und Weise, wie wir unser Leben, insbesondere seine dunklen und schwierigen Zeiten erfahren und bewältigen. Angesichts des Todes können archetypische Bilder oder mythische Gestalten wie zum Beispiel die weise Alte, die Heilerin, die Totenmutter oder Schwester Tod uns stärken und trösten. Heilige Frauen wie Barbara oder Katharina, Gertrud und Anna haben den Menschen über viele Generationen hinweg im Sterben und Tod Beistand geleistet und ihnen ihre Angst genommen.[128]

Eine besonders wirkmächtige Symbolgestalt und Sterbebegleiterin ist die heilige Odilia, die um das Jahr 660 geboren wurde und bis zu ihrem Tod als Äbtissin eines irisch-fränkisch geprägten Doppelklosters auf dem später nach ihr benannten Odilienberg im Elsass wirkte. Sie ist eine historisch nachweisbare Person von großer Strahlkraft bis in unsere Zeit hinein. Ihre um 900 verfasste Vita erzählt, sie sei blind geboren und deshalb von ihrem Vater verstoßen worden, habe jedoch Jahre später bei ihrer Taufe das Augenlicht wieder erlangt. Wie anderen Heiligen des Mittelalters verlieh man ihr jedoch manche mythisch-magischen Züge und machte sie so zur Trägerin und Bewahrerin vorchristlicher Traditionen. Die Autorin Petra Cronenburg, die sich intensiv mit Odilia beschäftigt hat, bezeichnet sie deshalb als »heilige Heidin«[129].

Odilias bekanntestes Attribut ist ein Augenpaar, das auf einer Schale, einem Kelch oder einem Buch liegt und meist mit der Wiedergewinnung ihres Augenlichts erklärt wird. Manchmal hält sie noch ein drittes Auge in der Hand, so in der alten oberbayrischen Wallfahrtskirche St. Ottilien bei Geltendorf. Dieses Symbol deutet auf Odilias Fähigkeit des inneren Sehens und ihre Wahrnehmung unsichtbarer Wirklichkeiten hin, die ihr Leben und vor allem ihr Sterben bestimmten.

Die Augen galten nach Ansicht der Archäologin Marija Gimbutas bereits in der Altsteinzeit als Hinweis auf das Wirken weiblich göttlicher Kräfte. Aufgrund der mit ihnen verbundenen Tränen- und Wassersymbolik wurden sie zudem mit der Vorstellung einer das Leben erneuernden Quelle verknüpft. Das Wasser von Quellen, die der Heiligen geweiht sind – zum Beispiel auf dem Odilienberg bei Straßburg –, soll insbesondere bei Augenleiden wirksam sein und stärkt zugleich die Fähigkeit des inneren Sehens. In den westeuropäischen Megalithkulturen wurden die Augen zu einem beherrschenden Merkmal jener eulenartigen Göttinnen-Statuetten, die man in oder am Eingang von Grabanlagen gefunden hat. Die Augen der allsehenden Göttin betonen jedoch nicht nur ihren Todesaspekt, sie können ebenso als Sinnbild der Leben erweckenden und erhaltenden Kraft der Sonne verstanden werden. Dementsprechend sind viele der steinernen Grabmonumente Westeuropas auf den Lauf der Sonne ausgerichtet und markieren die Sonnenwenden.[130]

Es kann also kaum ein Zufall sein, dass die römische Kirche den Todestag Odilias und auch den der eng mit ihr verwandten heiligen Lucia auf den 13. Dezember gelegt hat. Dieses Datum galt bis zur Gregorianischen Kalenderreform des Jahres 1582 als Wintersonnwende, als die Nacht, in der das Sonnenlicht wiedergeboren wurde. Lucia, deren Symbol ebenfalls eine Schale mit einem Augenpaar ist, verkörpert also besonders »augenfällig« dieses wiederkehrende, neugeborene Licht (lux, lateinisch Licht). Das Gefäß, das sie und Odilia tragen, verweist auf jenes geheimnisvolle Wandlungsgeschehen, das sich, zunächst noch unsichtbar, in der dunkelsten und längsten Nacht des Jahres vollzieht und nach Auffassung alter Kulturen auch im Prozess von Sterben und Tod.

Dieses Mysterium scheint – der Legende zufolge – Odilia mit dem Herzen wahrgenommen zu haben, als ihre Seele dabei war, diese Welt zu verlassen. In der Sterbeszene, die ihre Vita überliefert, heißt es, die Äbtissin habe, als sie ihr Ende nahen fühlte, ihre geistlichen Schwestern um sich versammelt, sie ermahnt und dann zum Gebet entlassen. Bei ihrer Rückkehr fanden die Nonnen sie tot auf den Knien liegen. Ihre inständigen Gebete aber riefen sie noch einmal ins Leben zurück und Odilia sprach: »Ach, meine Schwestern, warum habt ihr mir solche Unruhe gemacht? Lucia war doch bei mir und ich sah und hörte, was man mit Augen nicht sehen und mit Ohren nicht hören, sondern nur mit dem Herzen wahrnehmen kann.« Danach nahm sie selber den Kelch in die Hand, hob ihn empor, trank daraus und entschlief.[131]

Das (innere) Sehen und Hören haben im Sterbeprozess eine ganz besondere Bedeutung. Das Gehör ist das letzte Sinnesorgan, das uns bis zum Tod erhalten bleibt, und auch in der Anderen Welt scheinen uns Töne und Klänge zu erwarten. Davon berichten nicht nur viele Menschen mit Nahtoderfahrungen, auch das Märchen von Schwester Tod spricht von den Flötentönen, die im Jenseits ewig erklingen. Das innere Sehen und Hören dessen, was für unser Tagesbewusstsein meist unsichtbar und unhörbar bleibt, gehört zu jenen Fähigkeiten, die uns öffnen für die Wirklichkeiten jenseits unserer Alltagsrealitäten und irdisch-menschlichen Vorstellungen. Wie die mythische Gestalt von Odilia steht die Symbolik der Augen und Ohren für eine Kunst des Sterbens, die wir beizeiten einüben sollten, ebenso wie die Kunst des Lebens, denn beide gehören untrennbar zusammen.

Die frühchristliche Märtyrerin Lucia, die das Licht verkörpert und Odilia im Sterbeprozess beisteht, ist nicht nur aufgrund ihres Augenattributs eng mit der elsässischen Äbtissin verwandt. Beider Kult wurde bereits früh mit dem jahreszeitlichen Geschehen und dem Lauf der Sonne verbunden. Beide sind bis heute Trägerinnen der Hoffnung, die uns erinnern wollen, dass auf jeden Winter ein neuer Frühling kommt, dass der Tod nicht das Ende, sondern ein Übergang ist, dass das Leben sich immer wieder erneuert, auch wenn nur ein offenes Herz diese Wirklichkeit »schauen« und sehnend erahnen kann.

Übergänge
sind wie Brücken,
die zwei Welten verbinden:
Aus der einen kommen wir,
sie ist uns vertraut bekannt;
in die andere gehen wir,
sie ruft und lockt
und macht doch Angst
und öffnet sich erst dann,
wenn wir sie betreten.
Brücken sind
Über-Gänge.
KRISTIN BAEGE[132]

Beziehungen sind »Sterbeglück«

Den Übergang täglich vor Augen zu haben – immer wieder über die Brücke zu schauen – manchmal einen halben Schritt auf die andere Seite zu tun, dann doch noch einmal zurückzugehen –, das gehört zum Leben sehr alter Menschen, aber auch zu den Erfahrungen derer, die eine unheilbare Krankheit haben und wissen, dass ihre Tage gezählt sind. Angesichts einer Krankheit, die zum Tode führt, läuft die Frage nach dem Sinn wohl oft ins Leere. Dennoch gibt es Frauen wie die bekannte evangelische Theologin Luise Schottroff, die einen Weg finden, Ja zu sagen und schweren Herzens ihren Frieden mit dem zu machen, »was ist«, obwohl sie sehr am Leben hängen. Luise Schottroff hatte kurz nach ihrem 80. Geburtstag die Diagnose Krebs bekommen, dazu die ärztliche Mitteilung, dass sie nur noch kurz zu leben habe. Ein knappes Jahr später, am 8. Februar 2015, ist sie gestorben.

Die Neutestamentlerin Claudia Janssen hat ihre kranke Freundin und Kollegin Luise Schottroff öfter besucht und im Wissen um den nahen Abschied mit ihr über das Sterben und den Tod gesprochen. In der Zeitschrift zeitzeichen 11/2014 berichtete sie über diese Gespräche und gab einen überaus berührenden Einblick in die Erfahrungen und Gedanken einer todkranken Frau, die ganz bewusst immer wieder »hinübergeschaut« und sich auf diesen großen Übergang vorbereitet hat.

Luise Schottroff erzählte bei einer dieser Begegnungen, sie habe erst wenige Tage vorher nachts wach im Bett gelegen und sich gedacht, »ich müsste mir Träume davon machen, was der Tod für mich bedeutet. Ich möchte so gern meine Lieben wiedersehen, natürlich. Aber das war auf einmal nicht das, was mich beschäftigt hat, sondern die Erkenntnis, wie reich mein Leben war und ist. Natürlich habe ich auch Schreckliches erlebt, aber ich habe angefangen, mir meinen Reichtum aufzuzählen.«

»Mein Sterbeglück ist, dass ich die Beziehungen zu mir nahen Menschen noch einmal ganz neu und wunderbar erlebe. Nie hätte ich es für möglich gehalten, dass in unserer durchgetakteten Welt so viel Zuwendung möglich ist.« »In der Zeit der Krankheit ist ein Netzwerk von Menschen neu zusammengewachsen, die sich auch gegenseitig unterstützen.«

Claudia Janssen merkt an, sie habe das Wort »Sterbeglück« noch nie vorher gehört. So ging es auch mir. Im Alter über das Glück nachzudenken, das hat auch Luise Schottroffs Freundin Dorothee Sölle getan, mit der sie auf Kirchentagen jahrelang in überfüllten Messehallen viel beachtete Bibelarbeiten hielt. Aber in der Nähe des Todes und im Sterben so etwas wie Glück zu erleben, das erscheint mir als eine große Gnade. Zumal dann, wenn schier unerträgliche Schmerzen das Leben zur Qual machen und auch die Palliativmedizin an ihre Grenzen kommt. Luise Schottroff hatte sich gegen eine weitere Chemotherapie und Operation entschieden. Sie fürchtete zu Recht, dass dadurch die Qualität ihres verbleibenden Lebens massiv gemindert worden wäre. Sie wünschte sich, »ohne Schmerzen zu Hause sterben zu dürfen, die Blumen in ihrem Garten zu sehen, zu erleben, wie die Sonne scheint und es regnet, all die wunderbaren Gaben der Schöpfung«. »Ich kann daran teilhaben, indem ich weiter mein Leben mit meinen Freundinnen und Freunden teile.«

Auch wenn die Palliativmedizin in ihrem Fall nicht von Heilung spreche, sagte sie weiter, erlebe sie persönlich doch jeden Tag Heilung. »Auch wenn das jetzt absurd klingt. Ich fühle mich gesund. Ich liege zwar mehr oder weniger die ganze Zeit im Bett, muss meinen Arm hoch lagern (...) Aber ich fühle mich gesund.« »Die Lebensqualität, die Gesundheit und Heilung, die ich jetzt erlebe – mein Sterbeglück –, sind im Prinzip nicht unterschieden von meinem Lebensglück, das ich mein ganzes Leben lang erfahren habe. Ich habe mehrere mir sehr nahestehende Menschen in den Tod begleitet. Aber dass ich dieses Glück nun auch erfahre und von so viel Liebe umgeben bin, das habe ich nicht erwartet.«

Darauf angesprochen, welche Rolle der Glaube für sie im Blick auf ihren nahen Tod spiele, antwortete Luise Schottroff: »Glauben heißt für mich das Vertrauen zu haben, dass Menschen mir helfen werden, die Schmerzen und das Sterben zu ertragen, dass ich nicht allein bin im Leben und im Sterben. Nun kann man fragen: Und wo ist Gott? Denn ich will ja, dass Menschen mich begleiten. Ich würde ganz vorsichtig sagen, dass so etwas möglich ist zwischen Menschen in einer Welt, die so hart organisiert ist – da ist Gott zu fühlen.«

»Zu meinem Sterbeglück gehört auch, dass alles gut geordnet ist.« Diese Aussage zeigt, dass der Blick auf die andere Seite des Lebensflusses Luise Schottroff befähigte, sich nicht nur spirituellen Fragen zu stellen, sondern auch den ganz praktischen Angelegenheiten, die im Angesicht des Todes zu regeln sind. Dieser irdische vorausschauende Blick auf die »Letzten Dinge« erscheint mir im Fall der Professorin, die sich mit der Sozialgeschichte des Christentums ebenso beschäftigte wie mit den Befreiungstheologien Westeuropas, kein Zufall zu sein. Denn Luise Schottroff hatte sich schon mit 26 Jahren in ihrer Dissertationsarbeit über »Die Bereitung zum Sterben« mit Studien zu den frühen reformatorischen Sterbebüchern beschäftigt und angefangen, »hinüberzuschauen« und sich zu fragen, was im Sterben hilfreich sein könne.

Von ihrer Freundin Claudia Janssen nach Texten gefragt, die sie auf ihrem Weg begleiten, verwies sie auf zwei Lieder: »Der Mond ist aufgegangen« und »Geh aus mein Herz und suche Freud«. »Die Melodien sind in mir, ich muss sie nicht singen oder summen. Sie haben sich mir in den Körper eingeschrieben, sie sind einfach da. Mein Bruder hat mir einmal gesagt, dass für ihn die Musik die Sprache der Ewigkeit sei. Das erlebe ich, auch wenn keine Musik im Raum ist. Sie ist tief in mir.«[133]

Als ich diese Worte las, überkam mich eine große Dankbarkeit dafür, dass auch ich diese alten Lieder Wort für Wort und Ton für Ton in mir habe. Ich werde sie hüten, und mit ihnen noch einige andere, die ich vor langer Zeit meiner Großmutter an ihrem Kranken- und Sterbebett vorgelesen und leise gesungen habe. Obwohl sie bereits sehr verwirrt und unruhig war, lauschte sie ganz aufmerksam. Dabei entspannten sich ihre Züge mehr und mehr und der Hauch eines Lächelns erschien auf dem alten runzligen Gesicht, das ich so sehr liebte. Vielleicht hat auch sie, wie die Gänsehirtin, im Heimgehen schon den Melodien gelauscht, die von jenseits des Flusses zu hören waren.

Lauschen
Es heißt
Zwischen den Zeilen
Das Unsagbare sagen
Sonne Sterne und Traum
Erzählen
Was vor deiner Geburt geschah
Was nach deinem Tod sich ereignen wird
ROSE AUSLÄNDER[134]

Anmerkungen

1 Sechster Bericht zur Lage der älteren Generation in der Bundesrepublik Deutschland, Altersbilder in der Gesellschaft, Bericht der Sachverständigenkommission an das Bundesministerium für Familie, Senioren, Frauen und Jugend, Berlin im Juni 2010
2 Bascha Mika, Mutprobe. Frauen und das höllische Spiel mit dem Älterwerden, München 2014
3 Antje Schrupp, Methusalems Mütter. Chancen des demografischen Wandels, Königstein/Taunus 2007
4 Luise Reddemann & Sylvia Wetzel, Der Weg entsteht unter deinen Füßen. Achtsamkeit und Mitgefühl in Übergängen und Lebenskrisen, Freiburg 2011
5 Barbara Ehrenreich, Smile or die. Wie die Ideologie des positiven Denkens die Welt verdummt, München 2010
6 James Hillman, Vom Sinn des langen Lebens. Wir werden, was wir sind, deutsche Ausgabe, München 2000
7 Buffie Johnson, Die große Mutter in ihren Tieren. Göttinnen alter Kulturen, Olten 1990
8 Quelle unbekannt
9 Margarete Mitscherlich, Die Radikalität des Alters. Einsichten einer Psychoanalytikerin, Frankfurt am Main 2011
10 Bayerischer Rundfunk, Evangelische Perspektiven, 25.2.2007: Geseko von Lüpke, Eine Alternative zum Jugendwahn, Von der Wiederentdeckung der »Ältesten«
11 Ausstellungskatalog, Gewonnene Jahre. Neues ZeitAlter für Frauen, Frauen in der Einen Welt - Zentrum für interkulturelle Frauenalltagsforschung und internationalen Austausch e.V., Nürnberg 2014
12 Bertolt Brecht, Große kommentierte Berliner und Frankfurter Ausgabe, Suhrkamp 1988–1999, Bd. 18
13 www.salamandra.de/tagebuch/start.ph, 23.3.2015
14 Wörterbuch der feministischen Theologie, Artikel Beziehung, 2. überarbeitete Auflage, 2002. Libreria delle donne di Milano, Wie weibliche Freiheit entsteht. Eine neue politische Praxis, 1. deutschsprachige Auflage, Berlin 1988
15 Ursula Knecht u.a., ABC des guten Lebens, Rüsselsheim 2012
16 Ebd.
17 Ebd.
18 Ebd.
19 Luisa Muraro, Die symbolische Ordnung der Mutter, erweiterte Neuauflage, Rüsselsheim 2006
20 Ursula Knecht u.a., ABC des guten Lebens, Rüsselsheim 2012
21 www.maerchen-wege.de
22 Ursula Knecht u.a., ABC des guten Lebens, Rüsselsheim 2012
23 Hannah Arendt, Vita activa oder Vom tätigen Leben, München 2005 (Original 1958)

24 Carol Gilligan, Die andere Stimme. Lebenskonflikte und Moral der Frau, München 1984
25 Ina Prätorius (Hg.), Sich in Beziehung setzen. Zur Weltsicht der Freiheit in Bezogenheit, Königstein/Taunus 2005
26 Carter Heyward, Und sie rührte sein Kleid an. Eine feministische Theologie der Beziehung, Stuttgart 1986
27 Dorothee Sölle, Mystik des Todes. Ein Fragment, Stuttgart 2003
28 Ivone Gebara, Die dunkle Seite Gottes, Freiburg 2000
29 Süddeutsche Zeitung vom 28./29. 3. 2015
30 Diana Monson, Die Wunder reifen tief in mir, Selbstverlag
31 James Hillman, Warum wir so alt werden, München 2000 (deutsche Ausgabe)
32 Ursula Walser-Biffiger, Wild und weise. Weibsbilder aus dem Land der Berge, Aarau 1998
33 Barbara G. Walker, Die weise Alte. Kulturgeschichte, Symbolik, Archetypus, München 1986
34 Maritta Peitz, Ich sollte Lilien pflanzen, ehe ich gehe. Tagebuch des Älterwerdens, Stuttgart 1990
35 Erni Kutter, Der Kult der drei Jungfrauen. Eine Kraftquelle weiblicher Spiritualität neu entdeckt, München 1997
36 Ernst Weber, Frau Percht. Göttin im Exil? Hg. Perchtenstiftung, Kirchseeon 2006
37 Erni Kutter, Schwester Tod. Weibliche Trauerkultur, Abschiedsrituale, Gedenkbräuche, Erinnerungsfeste, München 2010
38 Erni Kutter, Heilige Weibsbilder. Gelehrt, eigenwillig, streitbar, Bozen 2014
39 Ebd.
40 Märchen und Sagen aus Hannover, Carl und Theodor Colshorn, Hannover 1854
41 Ursula Stumpf, Pflanzengöttinnen und ihre Heilkräuter. Naturkraft schöpfen, Heilwissen nutzen, Stuttgart 2010
42 Jean Shinoda Bolen, Feuerfrau und Löwenmutter. Göttinnen des Weiblichen, Düsseldorf und Zürich 2002
43 Hilde Domin, Sämtliche Gedichte, Frankfurt am Main 2009
44 Ebd.
45 Ursula Walser-Biffiger, Heilrituale in der Natur. Die Wahrnehmung verfeinern, persönliche Rituale gestalten, die Selbstheilungskräfte stärken, Aarau und München 2012
46 Luisa Francia, Kubabas Granatapfel. Meine Reise zur Heilung, München 2008
47 Ilka Scheidgen, Hilde Domin. Dichterin des Dennoch, Lahr 2006
48 Pierre Stutz, Verwundet bin ich und aufgehoben. Für eine Spiritualität der Unvollkommenheit, München 2003
49 Quelle unbekannt
50 Süddeutsche Zeitung vom 31. 3. 2015
51 Antje Schrupp, Methusalems Mütter, Königstein/Taunus 2007
52 Luisa Francia, 2008
53 Ursula Walser-Biffiger, 2012

54 Siri Hustvedt, Die zitternde Frau. Eine Geschichte meiner Nerven, Reinbek bei Hamburg, 2011

55 Siri Hustvedt, Leben, Denken, Schauen. Essays, Reinbek bei Hamburg, 2014

56 www.salutogenese-zentrum.de

57 Hildegard Goebels OSB, in: Hildegard von Bingen, Prophetin durch die Zeiten. Zum 900. Geburtstag, hg. von Äbtissin Edeltraud Forster und dem Konvent der Benediktinerinnenabtei St. Hildegard, Eibingen, Freiburg 1997

58 Vita Sanctae Hildegardis – Leben der heiligen Hildegard von Bingen, übersetzt und eingeleitet von M. Klaes, Freiburg 1998

59 Barbara Beuys, Denn ich bin krank vor Liebe. Das Leben der Hildegard von Bingen, München 2001

60 Hi-ah Park: Die verwundete Heilerin, in: Geseko von Lüpke, Altes Wissen für eine neue Zeit, Gespräche mit Heilern und Schamanen des 21. Jahrhunderts, München 2008

61 Bayerischer Rundfunk, Evangelische Perspektiven, 31. 5. 2015: Geseko von Lüpke, Germania revisited, Neues zum Glauben unserer Vorfahren

62 Zitiert in einer katholischen Kirchenzeitung, Quelle unbekannt

63 Chiara Zamboni, Die Welt zur Welt bringen. Politik, Geschlechterdifferenz und die Arbeit am Symbolischen, Königstein/Taunus 1999

64 Barbara Beuys, 2001

65 Ingrid Riedel, Hildegard von Bingen. Prophetin der kosmischen Weisheit, Zürich 1994

66 Ebd.

67 Ebd.

68 Jean Shinoda Bolen, 2001

69 Barbara Beuys, 2001

70 Heinrich Schipperges, Heil und Heilkunst. Hildegards Entwurf einer ganzheitlichen Lebensordnung, in: Hildegard von Bingen, Prophetin durch die Zeiten, Freiburg 1997

71 Ebd.

72 Barbara Beuys, 2001

73 Elisabeth Münzebrock, Teresa von Avila, Freiburg 2004

74 Vita Sackville-West, Adler und Taube. Eine Studie in Gegensätzen, deutsche Ausgabe, Frankfurt, Berlin, Wien 1982

75 Teresa von Avila, »Ich bin ein Weib – und obendrein kein gutes«. Ein Porträt der Heiligen in ihren Texten, ausgewählt, übersetzt und eingeleitet von Erika Lorenz, Freiburg 1982

76 Alois Prinz, Teresa von Avila. Die Biografie, Berlin 2014

77 Andrea Günter, Zum 500. Geburtstag der Teresa von Avila, in: efi, Evangelische frauen, information für bayern, 3/2015

78 Elisabeth Münzebrock, 2004

79 Alois Prinz, 2014

80 Teresa von Avila, »Ich bin ein Weib – und obendrein kein gutes«. Ein Porträt der Heiligen in ihren Texten, ausgewählt, übersetzt und eingeleitet von Erika Lorenz, Freiburg 1982

81 Alois Prinz, 2014

82 Toyo Shibata, Du bist nie zu alt, um glücklich zu sein. Lebensweisheiten einer Hundertjährigen, deutschsprachige Ausgabe, München 2012
83 Ebd.
84 Süddeutsche Zeitung vom 30.7.2015
85 Ausstellungskatalog, Gewonnene Jahre, Neues ZeitAlter für Frauen, Frauen in der Einen Welt, Nürnberg 2014
86 Friederike Zoe Grasshoff, Leerstelle, Süddeutsche Zeitung vom 22./23.8.2015
87 Matthias Drobinski, Ein Narr, der alles erzählt, Süddeutsche Zeitung vom 24./25./26.12.2014
88 Kristin Baege, enthalten in einem Fotobuch, auf Anfrage erhältlich unter kristin.baege@gmx.de
89 Ingrid Riedel, Die weise Frau in uralt-neuen Erfahrungen, Olten 1989
90 Tagungsband, Schwestern und Freundinnen: Zur Kulturgeschichte weiblicher Kommunikation, hg. von Eva Labouvie, Köln 2009
91 Sigrid Beyer, Frauen im Sterben. Gender und Palliative Care, Freiburg 2008
92 Janice G. Raymond, Frauenfreundschaft. Philosophie der Zuneigung, München 1986
93 Marietta Peitz, Ich sollte Lilien pflanzen, ehe ich gehe. Tagebuch des Älterwerdens, Stuttgart 1990
94 Barbara G. Walker, 1986
95 Süddeutsche Zeitung vom 28.1.2015 über einen ethnologischen Salon mit Claus Biegert im Museum Fünf Kontinente, München
96 Regina Mayer-Eastman, Larajo Buffalo-Boy, Die gesellschaftliche Rolle von Lakota-Großmüttern, in: Gewonnene Jahre, Neues ZeitAlter für Frauen, 2014
97 Hans Haid, Mythen der Alpen. Von Saligen, Weißen Frauen und Heiligen Bergen, Wien - Köln - Weimar 2006
98 Reimer Gronemeyer, Alt werden ist das Schönste und Dümmste, was einem passieren kann, Hamburg 2014
99 Dorothee Sölle, Ein Volk ohne Vision geht zugrunde, Wuppertal 1986
100 Geseko von Lüpke, Veränderung ist bereits im Gange, in: Schrot & Korn 10/2014
101 Ebd.
102 Toyo Shibata, 2012
103 Bertrun Jeitner-Hartmann, in: Gewonnene Jahre, Neues ZeitAlter für Frauen, 2014
104 Ebd.
105 Carol Schaefer, Die Botschaft der Weisen Alten. Der spirituelle Rat der Großmütter, Deutsche Erstausgabe, Berlin 2007
106 www.earth-oasis.de/events/13 grandmothers/die-vision
107 www.ratdergrossmuetter.org
108 www.grossmuetter.ch
109 Ebd.
110 W. Fürst, A. Wittrahm, U. Feeser-Lichterfeld, T. Kläden (Hg.), »Selbst die Senioren sind nicht mehr die alten …«, Praktisch-theologische Beiträge zu einer Kultur des Alterns, Bd. 17, Münster 2003

111 Hildegund Keul, Mechthild von Magdeburg. Poetin – Begine – Mystikerin, Freiburg 2007
112 Hilde Domin, Ausgewählte Gedichte, Frankfurt 2000
113 Ilka Scheidgen, Hilde Domin. Dichterin des Dennoch, Lahr 2006
114 Ursula Walser-Biffiger, 2012
115 Black Elk, zitiert nach: Touch the Earth. Wie der Hauch eines Büffels im Winter, by T. C. McLuhan, 1987
116 Bayerischer Rundfunk, Evangelische Perspektiven, 30. 8. 2015: Geseko von Lüpke, Kreis und Kreuz. Das Geheimnis uralter Symbole
117 Erni Kutter, 2010
118 Diana Monson, Verbundensein. Jahreskreisfeste mit allen Sinnen feiern, Hamburg 2015
119 Ziriah Voigt, Ritual und Tanz im Jahreskreis, aktualisierte Neuauflage, Hamburg 2012
120 Bruno Döring, Quelle unbekannt
121 Arunga Heiden (Hg.), Aus dem Herzen singen. Kraftlieder – Tänze – Texte, Mössingen 2013, CD Im weiten Raum, Lieder zum Mitsingen, Arunga Heiden mit Projektchor. Buch und CD erhältlich unter www.arunga-heiden.de © bei den Autorinnen
122 Reimer Gronemeyer, 2014
123 Der Tod und der Gänshirt, Kinder- und Hausmärchen der Brüder Grimm, 1. Auflage 1812, aus der Sammlung von G. Ph. Harsdörffer von 1662
124 Waldemar Pisarski, Auch am Abend wird es licht sein. Die Kunst zu leben und zu sterben, München 2014
125 Wikipedia.org/wiki/Sonnengesang (Franz von Assisi, 3. 8. 2015)
126 Dr. Johannes Schneider, Gelobt, auch in Schwester Tod, in: Vorarlberger Kirchenblatt, 21. 11. 2013
127 Erni Kutter, 2010
128 Ebd.
129 Petra von Cronenburg, Geheimnis Odilienberg. Eine Reise durch heilige Räume und Zeiten, München 1998
130 Marija Gimbutas, Die Sprache der Göttin, Deutsche Erstausgabe 1995 bei Zweitausendeins, Frankfurt 1995
131 Zitiert aus einem alten Kirchenführer
132 Kristin Baege, in: Arunga Heiden (Hg.), 2013
133 Alle Zitate stammen aus dem Gespräch, das Claudia Janssen in der Zeitschrift zeitzeichen 11/2014 dokumentiert hat.
134 Rose Ausländer, Quelle unbekannt